눈은 알고 있다

ⓒ2023. Seoul Institute all right reserved.
The copyright of this book is in Seoul Institute.
이 책의 저작권은 서울인스티튜트에 있습니다.

시선추적 장치를 통해 밝혀낸
눈의 심리학

눈은 알고 있다

권만우 지음

preface
머리말

"눈을 보면 그 사람을
알 수 있다"

눈을 보면 그 사람을 알 수 있다. 정보 및 센서 기술의 발전으로 정밀하게 사람의 시선을 추적하는 것이 가능해짐에 따라 사람의 오감 중 가장 많은 정보를 받아들이는 눈이 역으로 그 사람에 대해 가장 많은 것을 말해줄 수 있게 되었다.

가볍고 편리하며 강력한 기능을 가진 안경형 시선추적장치의 등장으로 이제 우리는 남성들이 가정에서 일기예보 기상캐스터를 어떻게, 왜 그렇게 바라보는지를 알 수 있다. 여성들이 백화점에 진열된 옷이나 구두, 혹은 마트에 진열된 제품들을 어떻게 바라보고 고르는지, 그리고 선거유세 중인 정치인들을 어떻게 바라보고 선택하는지도 알 수 있다. 젊은 친구들이 숏폼 드라마나 소셜미디어를 어떻게 훑어보고 클릭하는지, 지나가는 남자나 여자를 힐끗 몰래 바라보는 패턴도 이제 시선추적 장치를 쓰고 측정만 해보면 그 사람이 어떤 사람인지를 알 수 있다.

지난 20년간 다양한 학문 분야에서 수 천편에 이르는 시선추적 실험결과들이 쏟아져 나왔다. 이러한 연구결과들은 혈액형이나 MBTI, 사주명리보다 더 정확한 눈동자와 안구운동의 과학적 근거를 제시하고 있다. 이 책은 그러한 시선추적 장치라는 최첨단 의료분야 측정 장비를 활용한 연구 성과들에 대한 원리와 해설을 통해 당신의 친구나 지인이 진실된 사람인지, 혹은 허영심이 많은지를 설명해줄 수 있는 일종의 시선 심리학 강의라고 할 수 있다.

이 책은 지난 20여 년간 시선추적 실험연구로만 수십 편의 논문을 쓴 저자가 일반인과 연구자들을 위해 연구 성과의 일부분을 정리한 시선과 안구운동 심리학 입문서라고 할 수 있다. 본 저서에서 제시한 다양한 사례들은 우리가 평소 알고 있던 상식과는 다른 과학적 증거들을 제시하고 있다. 이 책은 경영학, 광고, 소비자과학, 미디어학, 디자인학, 심리학, 정치학, 사회학, 아동학, 의학, 생물학, 유전학, 정보과학, 인지과학 등 다양한 학문 분야의 통섭적 지식의 결정체인 시선추적 연구사례들을 10여개의 주제로 나누어 제시하였다. 이 책의 내용이 실제 다양한 산업현장에서도 마케팅이나 의사결정의 주요 방법론으로 활용되길 기대하며 개인 독자들에게는 실생활에서 사물과 현상을 판단하는 과학적 길잡이가 되길 희망한다.

  시각(視角)을 바꾸고 사물을 바라보는 눈을 바꾸면 인생이 바뀐다. 이때의 시각은 시각(視覺)이나 청각과 같은 감각을 의미하는 것이 하는 것이 아니라 사물을 바라보는 각도를 의미한다. 영어로는 Point of View, 한자로는 관점(觀點)이라 할 수 있겠다.

  눈과 관련된 단어는 단순히 명사로서가 아니라 감정이나 사고를 담고 있는 것이 많다. 본다라는 동사를 의미하는 한자로는 볼 견(見), 볼 관(觀), 볼 시(視)등으로 다양하다. 영어 또한 마찬가지로 눈이라는 명사는 eye 하나밖에 없지만 보다라는 동사로는 see, watch, view, look, stare, gaze 등으로 매우 다양하다. 이처럼 눈이라는 하나의 명사가 만들어내는 다양한 행위를 의미하는 동사가 이렇게 많다는 것은 무엇을 뜻하는 것일까?

  그만큼 눈이라는 생물학적 촉각 기관은 인간의 마음이나 감정, 사고와 밀접한 관계를 갖고 있다는 뜻이 될 것이다. 이 책이 사람의 마음을 읽는 새로운 하나의 방법이 되길 기원한다.

2023년 5. 15 저자

index

차례

머리말　　　　　　　　　　　　　　　　　　　004

1장　**그 눈길 피해야 할까, 눈치의 비밀**

　　1. 인간의 눈, 동물의 눈　　　　　　　　　015
　　2. 눈을 보면 성격도 안다, 눈치와 시각지능(VQ)　　025
　　3. 눈알을 굴리는 눈치 있는 AI22　　　　　033

2장　**여자의 눈, 남자의 눈**

　　1. 힐끗힐끗 몰래 쳐다보는 남자들, 나쁜 남자에게 끌리는 여자들　　041
　　2. 어떻게 여자들은 그런 사소한 걸 다 기억할까　　049
　　3. 운전 못하는 김여사, 사물도 다르게 본다　　057
　　4. 뉴스를 보는 것일까, 몸매를 보는 것일까　　067

3장   보수의 눈, 진보의 눈

1. 보수와 진보는 뇌가 다르다　　　　　　　077
2. 그렇다면 진보와 보수의 시선도 다른가　　085

4장   눈길을 피하다

1. 동양인의 찢어진 눈과 편견　　　　　　　097
2. 시선의 교환과 사회적 상호작용　　　　　111
3. 시선을 피할 것인가 마주할 것인가　　　　119

5장   과연 보는 것이 믿는 것일까

1. 보는 것이 믿는 것　　　　　　　　　　　129
2. 눈앞을 돌아다녀도 보이지 않는 고릴라　　135
3. 마음보다 눈이 먼저 간다　　　　　　　　145

6장   눈은 생각의 반영

1. 소개팅에서 만날 사람에 대한 시선분포   153
2. 시선이 산만하다는 것, 장애 혹은 천재   159

7장   몰래 보기와 엿보기

1. 두 눈이 앞쪽에 달려있는데 곁눈으로 보는 사람   167
2. 엿보기와 몰카(Spying Eye)   173

8장   아이처럼 사물을 보다

1. 마음이 아니라 눈으로 보아야 아름답다   181
2. 마스크를 쓰면 과연 잘 생겨 보일까   191

9장   빨리 보기와 훑어보기

1. 바라본 모든 것을 기억한다면   205
2. 무의식적으로 보기   213
3. 표지판만 고쳐도   219
4. 빨리보기(속독)는 가능할까   225

10장 아이처럼 사물을 보다

1. 눈을 통해 학습하는 신생아   233
2. 6개월 시각 지능 여든까지, 시각지능의 중요성   239
3. 시각지능을 높이려면   245
4. 자폐스펙트럼 아동의 경우   251

11장 보기에 좋은 떡이 맛있다

1. 맛집과 멋집   257
2. 과연 소비자는 똑똑한가   267
3. 메뉴 결정 장애와 시선   277

12장 눈은 절대 거짓말을 하지 않는다

1. 눈은 마음의 창(窓)   283
2. 피노키오의 코, 피노키오의 동공   289
3. 눈동자는 절대 거짓말을 하지 않는다   293
4. 선글라스를 끼는 이유는 거짓을 숨기기 위해서   303

13장 눈과 바라봄의 미래

1. 눈을 보고 알아서 주문해준다   309
2. 당신의 시선은 추적당하고 있다   315

저자 소개   322

1장

그 눈길 피해야 할까 눈치의 비밀

인간의 눈, 동물의 눈
눈을 보면 성격도 안다, 눈치와 시각지능(VQ)
눈알을 굴리는 눈치 있는 AI

눈은
알고
있다

"Eyes are windows to the soul"
눈은 영혼의 창이다

Shakespeare

1
인간의 눈, 동물의 눈

눈은 무려 5억 4천만 년 동안 존재해 왔고[1] 우리를 비롯한 동물의 대부분은 한 쌍을 가지고 있다. 인간만이 눈을 가진 것도 아니고 강아지나 물고기, 심지어 모기도 눈을 갖고 있다. 대부분의 종에서 눈은 먹이 사냥을 하기 위해, 혹은 사냥 당하는 것을 피하기 위한 시각을 주는 것이 주요한 용도이다. 그렇다면 인간에게 눈은 시각을 주는 것 이외에 어떤 용도가 있을까. 동물과 마찬가지로 먹이 사냥을 하거나 사냥을 회피하기 위한 용도가 주일까.

하긴 지하철에서 남성들이 수상한 눈길로 여성의 몸매를 훑는 것은 사

---

[1] 아주 오래전 지구는 대부분 물이었고 바다를 떠다니는 일부 생물만이 존재했는데 이들은 눈을 갖고 있지 않았다. 눈이 없었기에 먹이 사냥도 적극적이지 않았다. 그러나 5억 4천만 년 전 아주 짧은 시기에 생물의 종이 폭발적으로 증가하는 일이 벌어졌는데 학자들은 수많은 가설 중 그 시기에 생물들에게 최초의 눈이 생겼다는 것을 발견했다.

냥에 나선 하이에나의 눈길과 마찬가지이며 그 눈길을 피해야 하는 여성들의 시선은 아프리카 세렝게티(Serengeti) 초원의 새끼 물소와 비슷해 보인다. 그렇다면 음악 쇼 무대에서 짧은 옷을 입고 관객의 시선을 의도적으로 즐기는 아이돌들이나 수업 시간에 선생님에게 질문하려고 의도적으로 눈을 맞추려 노력하는 당돌한 초등학생은 어떻게 설명해야 할까.

반려견이나 반려묘를 길러 본 사람이라면 누구나 한번쯤 이들 동물의 눈을 통해 놀라운 경험을 해본 기억이 있을 것이다. 그들은 눈빛만으로도 주인의 행동을 예측하고 감정을 이해한다. 인간과 함께 수 만년을 살아오면서 이들의 인간에 대한 시선과 행동, 표정은 이미 유전적 요소로 자리 잡고 있다.[2] 개와 고양이가 인간의 눈빛만으로도 감정을 읽어낸다는 연구결과들은 베스트셀러로 출판되고 있다.[3]

일반적으로 서구 사회를 비롯한 많은 문화권에서 사람과의 시선 접촉은 지나치게 오래 지속되지 않는다. 모르는 사람을 처음 마주쳤을 때 시선을 회피하는 것은 무례하게 비칠 수 있고 그렇다고 너무 빤히 쳐다보는 것도 다른 의도를 가지고 있다고 오해받을 수 있기 때문이다. 특히 너무 오랫동안 지속적으로 시선을 접촉하는 것은 그 대상이 되는 사람에게 불편함을 느끼게 하는 일종의 시선 협박으로 간주될 수 있다. 인간 사이뿐만 아니라 심지어 인간과 인간이 아닌 대상 사이에서도 지속적인 눈 접촉은 바람직하

---

[2] Evan L. MacLean, Noah Snyder-Mackler, Bridgett M. von Holdt and James A. Serpell, Highly heritable and functionally relevant breed differences in dog behaviour, Proceedings of th Royal Society B, 2019 Oct. https://doi.org/10.1098/rspb.2019.0716.

[3] Sindhoor Pangal, Dog Knows: Learning How to Learn from Dogs, Harper Collins, 2021.

지 않다고 알려져 있다.

예를 들어 뉴질랜드 의학 저널은 많은 어린 아이들이 애완견의 공격에 희생되는 이유 중 하나가 지나치게 애완견과의 시선 접촉을 빈번하게 그리고 오랫동안 시도하기 때문이라고 분석하고 있다.[4] 즉 애완동물들은 과도하게 오랜 동안의 시선 접촉에 대해서는 위협감을 느끼고 방어적으로 행동하게 되는 것이다. 이처럼 사람이든 동물이든 과도하게 지속적으로 시선 접촉을 하는 것은 대부분 부정적 메시지로 받아들여진다.

이러한 과도한 시선 접촉의 반대편에 시선을 의도적으로 회피하는 행동이 있다. 누군가의 시선을 의도적으로 회피하는 경우 이는 대부분 거짓말의 지표로 알려져 있다. 시선 접촉을 회피하는 것은 불편함의 표시이며 특히 누군가를 속이려고 하는 사람의 경우 거짓말을 들키지 않기 위해 시선 접촉을 왜곡할 수 있다.

영국 스털링(Stirling) 대학의 연구원들은 시선추적 실험을 통해 익숙한 얼굴의 사진을 보여주었을 때 거짓말을 한 사람들은 그들의 반응을 숨길 수 없다는 것을 밝힌 바 있다.[5] 시선추적 장치를 통해 컴퓨터 화면으로 이미지를 보는 동안 눈 움직임을 추적한 결과 사람들은 아는 얼굴이 등장했을 때 어느 정도는 의도적으로 통제력을 발휘해 모르는 척할 수 있지만 결국

---

[4] David Healey, Fatal dog bites in New Zealand. New Zealand Medical Journal, 2007 Aug 10;120(1259):U2659. PMID: 17721569.

[5] Ailsa E. Millen & Peter J. B. Hancock. Eye see through you! Eye tracking unmasks concealed face recognition despite countermeasures, Cognitive Research: Principles and Implications volume 4, Article number: 23, 2019.

응시나 시선 흐름에서 거짓말을 숨길 수 없다는 것이다.

이렇게 시선추적 장치를 통해 거짓말을 하는지 여부를 판단하는 실험은 경찰이 범죄자들의 거짓말을 탐지하기 위해 종종 사용된다. 즉 테러리스트 조직원과 같은 범죄 구성원들은 경찰 조사를 받을 때 구성원들 신원을 보호하기 위해 모른다고 거짓말을 할 가능성이 높은데 이때 동료들의 사진을 보여주는 것만으로 거짓말을 탐지할 수 있는 것이다.

이처럼 눈의 움직임에서 거짓말을 탐지할 수 있는 것은 동공의 움직임이 자율신경계 운동이기 때문에 우리의 의지로 이 동공의 크기를 조절할 수 없기 때문이다. 더우면 땀이 나는 자율신경계 활동을 우리 의지대로 조절할 수 없듯이 마찬가지로 눈의 움직임도 자율신경계 활동이기 때문에 맘대로 할 수가 없다. 그러니 어떤 사람의 동공 수축과 확장, 시선의 흐름을 잘 관찰하면 그 사람이 어떤 사람인지 알 수 있을 확률이 높다.

동공뿐만 아니라 눈의 깜박임도 인간의 감정을 읽을 수 있는 지표로 사용되곤 한다. 인간은 의식하지 않아도 저절로 눈을 깜박이고 있는데 이는 보통 안구 건조를 방지하기 위해서이다. 평균적으로 인간의 눈 깜박임 횟수는 분당 약 15~20회, 하루 1만2천~1만5천회(수면시간 제외)로 알려져 있다. 이렇게 눈꺼풀을 여닫을 때마다 눈물샘에서 나오는 수분이 차량의 와이퍼처럼 눈을 촉촉하게 만들어주는 것이다.

미국 국립과학원회지(PNAS)에 발표된 논문에서는 눈 깜박임도 주의 (attention)의 지표가 될 수 있다고 한다. 성인 20명에게 코미디언 '미스터 빈'

이 나오는 비디오를 보여준 결과 주인공의 코믹 연기가 계속될 때는 눈 깜박임 횟수가 작다가 그의 연기가 끝날 때쯤에는 늘어나는 것을 발견했다.[6] 즉 어떤 사람의 말을 주의 깊게 듣고 있다면 눈 깜박임 횟수는 줄어들고 얘기가 끝나면 다시 횟수가 늘어나는 것이다. 이처럼 눈 깜박임이 공감과 교감의 지표가 될 수 있다는 것은 광고 실험에서도 밝혀진 바 있다. 적절한 눈 깜박임은 또한 사람들 간의 대면 커뮤니케이션에서 적절한 의사소통 신호로 인식되는 긍정적 기능을 제공하기도 한다.[7]

이렇게 눈 깜박임은 공감과 소통의 지표가 되지만 역으로 거짓말이나 속임수의 지표가 되기도 한다. 한 실험은 모의 불법 범죄를 저지른 후 폭발물 장치를 운반할 의도에 대한 눈 깜박임을 측정한 결과 거짓응답을 하는 피험자의 눈 깜박임 횟수의 변화, 총 깜박임 수 및 최대 깜박임 시간 길이는 진실한 의도를 가진 참가자와 구별되었다.[8] 또한 13명의 거짓말쟁이와 13명의 진실을 말하는 사람간의 비교 연구에서 거짓말쟁이들의 눈 깜박임이 증가한 반면 눈 깜박임의 패턴은 차이가 없었다는 연구결과도 있다.[9] 이렇듯 거짓말하는 사람은 진실을 말하는 사람에 비해 눈을 빠르게 깜박인다고 알려져 있다. 공항 세관 검사원은 여행객에게 신고할 것이 없냐고 항

---

6) Tamami Nakano, Makoto Kato, Yusuke Morito, and Shigeru Kitazawa. Blink-related momentary activation of the default mode network while viewing videos. PNAS 110 (2) 702-706. 2013.
7) Paul Hömke, Judith Holler, Stephen C. Levinson. Eye blinks are perceived as communicative signals in human face-to-face interaction. PLoS One. 2018 Dec 12;13(12):e0208030.
8) Frank M. Marchak, Detecting false intent using eye blink measures, Frontiers in Psychology. 2013; 4: 736.
9) Sharon Leal and Aldert Vrij, Blinking during and after lying, Journal of Nonverbal Behavior, Volume32 Issue number4, 2008.

상 질문하는데, 세관 공무원은 질문을 던지는 동시에 여행객의 눈을 바라보며 눈을 깜박이는 속도를 살핀다. 만일 여행객이 눈을 빠르게 깜박인다면 수하물 검사를 할 가능성이 큰 것이다.[10]

그러나 인간은 의도적으로 깜박임의 속도를 조절하는 능력을 학습을 통해 갖게 되었는데 흔히 윙크(wink)라고 하는 이 행위는 눈을 깜빡이는 본능적인 행동과는 별개이다. 사람들은 눈 깜박임 속도를 의도적으로 변화시킴으로써 상대방에게 끌린다는 감정을 표현하기도 하고 무엇인가 은밀하게 의도를 전달하는 비언어커뮤니케이션 도구로 사용되기도 한다.

의도적 눈 깜박임(attentional blink, AB)이라고 불리는 이 행위는 인간만의 행위는 아니라고 알려져 있다. 심지어 유혹을 통한 생명체의 진화를 다루고 있는 한 저서는 바다 거북이도 상대방을 유혹하기 위해 윙크를 한다는 결과를 제시하고 있기까지 하다.[11] 특히 고양이에게 있어서 눈 깜박임은 여러 가지 의미가 있다고 알려져 있다. 고양이의 사람에 대한 실험결과에 따르면 사람의 느린 시선 깜박임 자극에 반응하여 고양이도 반응하며 눈 깜박임 상호작용 후에 사람에게 접근하는 경향이 높다.[12] 원래 고양이는 눈 깜박임이 아주 적은 동물인데, 고양이 눈꺼풀 안쪽에는 제3안검(순막)이라고 하는 흰 막을 갖고 있어 이 안검이 유분을 흡수해 건조를 방지하기 때문이다. 따

---

10) 제라드 니렌버그외 저 송이루 번역, 속마음을 꿰뚫어 보는 기술, 스몰빅미디어, 2019.
11) 클로드 귀댕 저 최연순 번역, 살아있는 모든 것들의 유혹, 도서출판 휘슬러, 2006.
12) Tasmin Humphrey, Leanne Proops, Jemma Forman, Rebecca Spooner & Karen McComb, The role of cat eye narrowing movements in cat-human communication, Scientific Reports volume 10, Article number: 16503, 2020.

라서 고양이의 눈 깜박임은 적의가 없음을 보여주는 일종의 인사라고 할 수 있으며 천천히 눈을 깜박일 경우 인사로 받아들이지만 오래 계속 바라보면 싸움을 거는 것으로 받아들일 수 있다.

동물도 윙크를 하지만 어쨌든 인간의 윙크 행위는 서구문화권에서는 평소 잘 아는 사이 혹은 사이가 좋은 사람들 간의 일종의 친밀감의 표시와 같은 행위라고 받아들여진다. 그러나 윙크에 대한 인식에 있어 문화적 차이가 존재하는데 일부 아시아 문화권에서는 이러한 윙크 행위를 사용하는 것에 대해 부정적으로 받아들여질 수 있다.

서구문화권과 라틴아메리카에서 윙크는 종종 성적인 유혹이나 로맨스를 의미할 수 있으나 동양이나 이슬람 국가에서 여성에게 윙크하는 것은 모욕적이고 무례한 것으로 여겨진다. 생리적 반응인 눈 깜박임과 달리 일부러 한쪽 눈만 감는 윙크는 그 행동을 하는 사람의 의도가 반영되어 있다고 보기 때문이다. 아시아 문화권에서 이러한 윙크는 친밀감의 표시라기보다 성적인 추파나 비밀스러운 약속에 대한 확인, 혹은 어떤 사안이 그리 심각한 게 아니니 안심하라는 표시등으로 받아들여진다.

따라서 단순한 생리적인 눈 깜박임이 아닌 의도적 윙크 행위는 어떤 문화권에서는 목숨을 해칠 수도 있다. 눈 깜박임과 윙크는 물리적 표현은 동일하지만 그 차이를 만드는 것은 의도된 의사소통에 대한 해석이라고 할 수 있다.

윙크 이외에 눈을 통해 감정이나 의도를 표현하는 현상으로는 울음을 들 수 있다. 인간은 지구상에서 유일하게 감정 표현을 위해 눈물을 흘리며 울음을 우는 종이라고 믿어지고 있다. 동물들도 눈물을 흘리지만 눈물을 감정과 연관 지어 감정적인 눈물을 흘리는 것은 인간이 유일한 종이라고 학자들은 이야기 한다.[13] 즉 인간은 동물과 달리 다른 사람들 앞에서 펑펑 울기도 하는데 이는 눈물을 흘리며 우는 행위가 일종의 사회적 현상이라는 것을 의미한다.

반려견 주인들은 종종 그들의 개가 운다고 주장한다. 유명한 진화학자 찰스 다윈은 원숭이와 코끼리가 운다고 생각했다. 분명 모든 육지동물들은 그들의 눈을 윤활 시키기 위해 눈물을 생산하는 생리학적 능력을 갖고 있다. 그러나 다윈은 동물도 이러한 생리학적 눈물이 아닌 감정적으로 눈물을 흘리며 울 수 있다고 생각했으며 런던동물원의 원숭이와 코끼리들도 포획되거나 죽을 때 슬퍼서 울 것이라고 굳게 믿었다. 신문기사 등에서 새로 태어난 아기 코끼리가 엄마코끼리로부터 거절당한 뒤 5시간 동안 쉬지 않고 울었다는 보도[14]가 있었으며 고릴라를 대상으로 하는 일부 연구들이 새로운 증거를 제시하고 있지만, 아직까지는 인간이 지구상에서 우는 유일한 종이라고 믿어지고 있다. 이처럼 인간의 눈물과 울음은 세계 대부분의 문화권에서 인간의 감정을 표출하는 지표로 받아들여진다. 보통 슬픔이라는 감정을 대변한다고 알려진 이 눈물은 종종 동정심을 얻거나 다른 사람들을 속이기 위해 억지로 우는 "악어의 눈물"과 구분된다.

---

13) Lauren M. Bylsma, Asmir Gračanin, and Ad J. J. M. Vingerhoets, The neurobiology of human crying, Clinical Autonomic Research. 2019 Feb;29(1):63-73. doi: 10.1007/s10286-018-0526-y.
14) Hayden Smith, Elephant tears: Newborn weeps after being parted from mother who tried to kill him, Metro News, 11 Sep 2013. http://www.metro.co.uk

2

눈을 보면 성격도 안다, 눈치와 시각지능(VQ)

한국인들의 육감으로 불리는 눈치에 대해 한인 2세 유니홍(Euny Hong, 홍은이)은 그의 저서 '눈치의 힘: 한국인들의 행복과 성공으로 이끄는 비밀[15]에서 눈치는 5천년의 역사를 지닌 한국인의 초능력이라고 칭한 바 있다. 또한 황경식 시인은 사람이 살면서 중요한 3치를 강조했는데, 3치는 염치, 재치, 눈치이다. 어미에 치가 붙지만 이 세 가지는 다른 치이다. 염치는 한자로 廉恥로 부끄러울 치이며, 재치는 한자로 才致로 지적인 능력을 의미하며 눈치는 순 우리말이다. 황경식 시인은 이 가운데 상대방의 기분이나 의도에 맞추어 자신의 언행을 조절하며 공감하는 능력으로서의 눈치가 가장

---

[15] Euny Hong, The Power of Nunchi: The Korean Secret to Happiness and Success, Penguin Life, 2019.

중요하다고 강조한 바 있다.16)

눈치를 영어로는 Sharp Eyes라고 표현하는데 눈치가 빠르다는 것은 상대방이 원하는 바나 의도를 재빠르게 파악하여 상황에 대처하는 능력, 즉 시각 지능이 높다는 것을 의미한다. 머리가 좋은 사람을 일컬어 지능지수(IQ, Intelligence quotient)가 높다고 하듯 요즘 사회는 감성지능(EQ, Emotional quotient)과 사회지능(SQ, Social quotient)이 높은 인재를 중요시 하는데 눈치는 이러한 사회적 지능과 감성적 지능을 의미한다는 것이다. 세계은행 총재를 지낸 김용 교수는 다트머스 대학교 총장 시절 한 인터뷰에서 눈치에 대해 이런 말을 한 적이 있다. "눈치란 일종의 공감능력이다. 공감이란 단지 어떤 감정을 갖는 것이 아니다. 그것은 시작에 불과하다. 진정한 공감은 사람들이 왜 그런 일을 하고 있는지를 이해하는 것이다."17)

왜 이러한 사회적 공감능력이 뛰어난 사람에게 인체의 그 많은 부위 중 〈눈〉이 가진 능력을 갖다 붙였을까. 눈이 가진 능력에 대한 표현으로는 〈눈치를 채다〉〈눈이 맑다〉〈눈썰미가 있다〉〈눈이 높다〉등으로 다양하며 한자인 눈 안(眼)자를 써서 〈안목이 뛰어나다〉〈혜안이 있다〉등으로 표현하기도 한다. 이러한 표현들은 주로 눈이나 눈동자라는 신체 기관의 생물학적 특성이 아닌 눈이 가진 정신적 능력을 의미하는 것이다. 즉 눈썰미가 있다는 것은 눈이 좋다는 뜻이 아니라 상대방이 하는 행동이나 재주를 재빠르게 빨리 완

16) 박숙희, 한류를 이해하는 33가지 코드 9-눈치의 달인, 수다만리(38), 2020.4.16., https://www.nyculturebeat.com/
17) 김상득, 너무 빠르거나 혹은 없거나-눈치, 중앙선데이 2015.12.6.일자.

벽하게 모방하는 능력이 탁월하다는 것을 의미한다. 한두 번 보고 곧 그대로 해내는 재주는 단순히 시력이 좋아야 하는 것이 아니다.

이처럼 한 번 보고 무엇인가를 재빨리 인식하는 능력 가운데 얼굴을 인식하는 능력에 대한 다양한 실험결과들이 있다. 어떤 사람들은 한번 스쳐 지나갔는데도 얼굴을 기억하는가 하면 또 어떤 사람들은 몇 번이고 만났는데도 기억을 못하는 안면 인식 장애가 문제가 되기도 한다. 미국의 배우 브래드 피트는 여러 매체와의 인터뷰에서 사람의 얼굴을 알아보지 못하는 장애인 안면실인증(prosopagnosia, 안면인식장애)으로 어려움을 겪고 있다고 밝힌 바 있다. 우리나라에서도 배우 박소현이 '오은영의 금쪽상담소'에 출연해 몇 년간 함께 프로그램을 진행한 담당PD를 알아보지 못하는 등 실수한 적이 많았다고 토로했다. 사람들의 얼굴인식능력은 표준화된 시험방법을 사용하는데 이에 따르면 친구와 가족을 알아볼 수 없는 수준에서 매우 놀라운 인식능력을 갖춘 "초인식자[18]"에 이르기까지 다양하다.[19]

초인식자는 초능력자처럼 평범한 사람들의 일반적인 얼굴인식 능력을 훨씬 능가하는 뛰어난 얼굴 인식 능력을 가지고 있다.[20] 예를 들어 그들은 백미러를 통해 몇 년 전 동창을 식별하는 등 놀라운 인식 능력을 보인다. 얼

---

[18] Super recognizer. 초인식자는 평균보다 훨씬 뛰어난 얼굴 인식 능력을 가진 사람들을 지칭하는 용어로 이들은 한 번만 본 수천 개의 얼굴을 기억할 수 있다고 알려져 있다.
[19] Brad Duchaine and Ken Nakayama, The Cambridge Face Memory Test: results for neurologically intact individuals and an investigation of its validity using inverted face stimuli and prosopagnosic participants, Neuropsychologia, Volume: 44, Issue: 4, 576-585, 2006.
[20] Richard Russell, Brad Duchaine and Ken Nakayama, Super-recognizers: People with extraordinary face recognition ability, Psychonomic Bulletin & Review, 16 (2), 252-257, 2009.

굴을 인식하는 능력이 뛰어난 초인식자들의 시지각을 연구하는 것은 얼굴 인식뿐만 아니라 시각 지능을 이해하는데 도움이 될 수 있다. 현재까지 얼굴인식처리에 대해 발표된 수천 개의 논문 중 초인식자의 주제를 다루는 논문은 25개미만으로 알려져 있다.[21]

왜 사람마다 얼굴 인식 능력에 차이가 있는지를 이해하는 것을 목표로 한 초기 연구는 일반적으로 사람들이 얼굴의 단편적인 부분을 시각적으로 처리하고 인식하기보다는 전체적으로 처리하는 경향이 있다는 것을 발견했다.[22] 즉 이러한 접근들은 얼굴을 인식하고 처리하는 능력의 개인 간 차이를 전체적 시선처리에서 비롯된다고 보는 것이다.[23] 그러나 이러한 전체론적 시선 처리에 대한 여러 가지 경험적 증거가 축적되었음에도 여전히 논란이 있으며 최근 다양한 실험방법을 사용한 연구들은 전체론적 시선처리 능력과 얼굴 인식능력 사이의 연관성은 약하며[24] 심지어 아무런 연관성을 보이지 않는다고 보기도 한다.[25]

시선 추적장치를 사용한 실험연구들은 이러한 얼굴인식 능력에 대한 새

---

[21] Meike Ramon, Anna K. Bobak, David White, Super-recognizers: from the lab to the world and back again, British Journal of Psychology 110 (3), pp. 461-479, 2019.
[22] Martha J. Farah and Kevin D. Wilson, Maxwell Drain, and James N. Tanaka, What Is "Special" About Face Perception?, Psychological Review, Vol. 105, No. 3, 482-498, 1998.
[23] Jennifer J. Richler and Isabel Gauthier, A Meta-Analysis and Review of Holistic Face Processing, Psychological Bulletin. 140(5): 1281-1302, 2014 Sep.
[24] Joseph DeGutis, Jeremy Wilmer, Rogelio J. Mercado, and Sarah Cohan, Using regression to measure holistic face processing reveals a strong link with face recognition ability, Cognition 126, 87-100, 2013.
[25] Constantin Rezlescu, Tirta Susilo, Jeremy B. Wilmer, & Alfonso Caramazza, The inversion, part-whole, and composite effects reflect distinct perceptual mechanisms with varied relationships to face recognition, Journal of Experimental Psychology Human Perception & Performance 43(12), 1961-1973, 2017.

로운 통찰력을 제공하고 있다. 인간의 얼굴은 눈이나 코, 입과 같은 속성 간 거리의 미묘한 차이가 있는 세트로 구성된다. 시선추적 실험결과들은 얼굴인식 능력이 뛰어난 사람들이 능력이 낮은 사람들보다 눈 부분에 더 많은 응시를 하는 경향이 있음을 발견했다.[26] 이러한 발견들은 눈에 대한 응시가 얼굴의 인식에 중요한 역할을 하며 얼굴기억능력의 개인적인 차이와 관련이 있음을 시사한다. 그러나 눈의 움직임을 측정하기 위해 다른 과제를 사용한 더 최근의 시선추적 연구는 대조군 관찰자의 코 부위 응시에 걸린 시간과 얼굴 인식 능력 사이의 상관관계가 있다는 연구결과를 제시하기도 한다.[27]

이러한 논란으로 인해 얼굴인식 능력의 개인차를 연구하기 위한 또 다른 접근법은 얼굴인식 능력의 극단에 있는 사람들을 평균적인 사람들과 시선추적 실험을 통해 비교했다. 얼굴인식능력이 뛰어난 사람은 그렇지 않은 사람에 비해 더 적은 시각적 정보로도 더 정확한 인식을 한다는 것을 발견한 연구가 대표적이다.[28] 즉 초인식자는 평균적인 사람보다 동일한 정보를 더 효과적으로 이용하는 것이다.

조리개를 통해 전체 얼굴을 12%씩 줄인 자극에 대한 시선추적 실험에서

---

[26] Takahiro Sekiguchi, Individual differences in face memory and eye fixation patterns during face learning, Acta Psychologica, 137(1):1-9, 2011 May.
[27] Anna K. Bobak, Benjamin A. Parris, Nicola J. Gregory, Rachel J Bennetts, and Sarah Bate, Eye-movement strategies in developmental prosopagnosia and "super" face recognition, Quarterly Journal of Experimental Psychology, 70(2):201-217, 2017 Feb.
[28] Jessica Royer, Caroline Blais, Frederic Gosselin, Justin Duncan, and Daniel Fiset, When less is more: Impact of face processing ability on recognition of visually degraded faces. Journal of Experimental Psychology: Human Perception and Performance, 41(5), 1179-1183, 2015.

초인식자는 조리개를 통해 단 12%의 얼굴만 볼 수 있는 경우에도 모든 자극에서 평균적인 사람보다 우수한 인식능력을 보였다.[29] 이 연구결과는 그동안의 전체론적 인식이 틀렸음을 보여준다. 인구의 2% 정도를 차지하고 있다고 알려진 이 초인식자들은 그동안 일반인과는 다른 얼굴 인식 방식을 사용한다고 알려져 왔으나 호주의 연구자들은 초인식자들도 일반인들과 동일한 방식으로 얼굴을 본다는 것을 밝혀냈다. 즉 지금까지는 초인식자들이 마치 얼굴 사진을 스냅샷 찍듯이 그것을 암기함으로써 얼굴을 기억한다고 믿었으나 이 연구자들은 이들도 일반인과 동일한 방식으로 얼굴을 보되 더 빠르고 정확한 방식으로 볼 뿐이라는 것을 증명해냈다.[30]

시선추적 장치를 사용한 이 연구에 따르면 초인식자들은 아주 작은 영역만 볼 수 있을 때에도 다른 사람들보다 얼굴을 더 잘 인식할 수 있으며 얼굴을 부분으로 나눈 각 구성 요소를 합성 이미지로 저장한다고 설명한다. 즉 이들은 얼굴을 전체적인 인상이 아니라 작은 조각으로 나눠 인식하고 이를 조합할 수 있다는 것을 의미한다. 이들은 얼굴의 세부 영역에서 매우 독특한 시각적 정보를 포착하고 이를 퍼즐을 맞추듯이 얼굴의 모든 조각을 빠르고 정확하게 결합할 수 있다는 것이다.

얼굴 인식능력뿐만 아니라 사물의 깊이, 색상, 공간요소 등을 포함한 다

---

[29] Jeffrey D. Nador, Tamara A. Alsheimer, Ayla Gay, and Meike Ramon, Image or Identity? Only Super-recognizers' (memor)ability Is Consistently Viewpoint-invariant, PsyArXiv, March 9. 2021.
[30] James D. Dunn, Victor P. L. Varela, Victoria I. Nicholls, Michael Papinutto, David White, and Sebastien Miellet, Face-Information Sampling in Super-Recognizers, Psychological Science, Volume 33, Issue 9, 2022.

양한 시각적 정보를 빠르고 정확하게 처리하고 해석하는 능력은 앞으로 갈수록 중요해질 것이다. 이러한 능력을 의미하는 시각지능(VQ)은 비교적 새로운 개념으로 이를 측정하기 위한 표준화된 테스트나 방법이 아직 없다. 광고와 유튜브, 틱톡, OTT등 광범위한 영역에서 새로운 시각 자극이 쏟아지고 있는 디지털 시대에 이러한 시각지능은 갈수록 중요해질 것이다. 앞으로는 이러한 시각지능을 개발하고 향상시키는 것을 목표로 한 도구나 훈련 프로그램들이 등장할 것으로 예상된다.

3

눈알을 굴리는
눈치 있는 AI

과학적으로는 근거가 없는 이야기지만 유독 일본과 한국, 두 나라에서 인기를 끌고 있는 것이 혈액형과 성격의 관계에 관한 서적이다. 일본에서는 한 해 동안의 베스트셀러 상위 10권 중 4권이 혈액형별 성격 진단서일 정도로 인기를 끌었다.[31] 심지어 직원 채용도 혈액형을 따라한다고 보도될 정도였다고 하니 그 과학적 근거를 학자들은 연구해봐야 하지 않을까.

한국과 일본에서 유행하고 있는 혈액형별 성격처럼 서구에서는 심리학자들이 개발한 마이어스-브릭스 유형지표(MBTI)별 성격 진단이 인기다. 그러나 MBTI는 대중적이고 널리 사용되는 도구이지만 과학적 타당성과 신뢰성이

---

31) 이용태, 다시 일본 뒤덮은 혈액형 성격론, 코리아메디케어, 2009.2.4.일자 보도, https://kormedi.com/1187835.

부족하다는 비판을 받아왔다. 이러한 MBTI와 시선 행동과의 직접적인 관계를 시사하는 과학적 증거는 아직 없다.

그러나 사람들의 성격 특성과 눈의 지각 또는 관찰 행동 사이에 관계가 있을 수 있다는 것을 암시하는 증거들이 있는데 대표적인 것으로 외향성(Extraversion)을 들 수 있다. 즉 내성적인 사람보다는 외향적인 사람들이 사회적 상호작용 동안 더 자주 눈을 마주치는 경향이 있고 다른 사람들의 눈과 얼굴 표정에 더 집중할 가능성이 있다고 한다.[32] 외향적인 사람들은 시각적으로 자극적인 환경을 찾고 추구할 가능성도 높다.[33] 이는 외향적인 사람들이 경험에 대한 개방성이 높다는 것을 의미한다. 그러나 이는 개인이나 다양한 상황에 따라 다르며 항상 일관되는 것은 아니지만, 성격과 시각적 인식 사이에 어떤 연관성이 있을 수 있음을 시사한다.

성격은 인간의 행동, 사고, 감정의 패턴을 결정짓는다고 알려져 있다.[34] 마찬가지로 이러한 성격 특성과 눈의 움직임 사이의 관계를 보고하는 연구도 비슷한 성격 특성을 가진 사람들이 비슷한 방식으로 눈을 움직이는 경향이 있다는 것을 주로 검증하고 있다. 예를 들어 낙관론자들은 비관론자들보다 부정적인 감정을 자극하는 이미지(예: 피부암 이미지)를 보는 데 더 적

---

32) N. A. Mobbs, Eye-contact in relation to social introversion-extraversion. British Journal of Social & Clinical Psychology, 7(4), 305-306, 1968.
33) Peter J. Hills, Leanne Lowe, Brooke Hedges, and Ana Rita Teixeira, The Role of Extraversion, IQ and Contact in the Own-Ethnicity Face Recognition Bias. Attention Perception & Psychophysics 82, 1872-1882, 2020.
34) Alan E. Kazdin(ed.), Encyclopedia of Psychology, Vol. 1-8. Washington, DC: American Psychological Association, 2000.

은 시간을 할애한다는 시선추적 실험 연구결과가 있다.[35] 즉 이는 공포물이나 잔인한 장면을 아무렇지도 않게 보는 사람은 비관론자일 가능성이 높다는 것이다.

또한 다양한 성격요인(외향성, 개방성, 신경증, 양심성 등) 중 개방성이 높은 사람은 추상적인 애니메이션 영상을 볼 때 시선의 위치를 특정 영역에 고정시킨 채 머무르는 시간이 더 길다는 실험결과[36]가 있는데 이는 사람의 성격과 시선 사이의 관련성에 대한 의미 있는 시선 추적 실험이라 할 수 있다.

또한 호기심은 "탐구적 행동에 동기를 부여하는 새로운 지식과 새로운 감각 경험을 얻기 위한 욕구"로 정의될 수 있는데 성격 요소 중 호기심이 많은 사람은 건물, 인테리어, 자연풍경등 18개의 장면 중 자연풍경 장면에서 더 많은 영역을 탐구하는 것을 발견했다.[37] 일상적인 작업 중에서의 눈의 움직임이 성격과 어떤 관계가 있는지를 연구한 결과도 있다.[38] 이처럼 시선추적 장치의 등장으로 성격과 시선의 관계를 연구하는 사례들이 늘고 있으며 심지어 이러한 연구결과를 사회적 신호처리(Social signal processing)라

---

[35] Derek M. Isaacowitz, The gaze of the optimist, Personality and Social Psychology Bulletin 31, 407-415, 2005.
[36] John F. Rauthmann, Christian T. Seubert, Pierre Sachse, Marco R. Furtner, Eyes as windows to the soul: Gazing behavior is related to personality, Journal of Research in Personality, 46, 147-156, 2012.
[37] Evan F. Risko, Nicola C. Anderson, Sophie Lanthier, Alan Kingstone, Curious eyes: Individual differences in personality predict eye movement behavior in scene-viewing, Cognition 122, 86-90, 2012.
[38] Sabrina Hoppe, Tobias Loetscher, Stephanie A. Morey and Andreas Bulling, Eye Movements During Everyday Behavior Predict Personality Traits, Frontiers in Human Neuroscience 13 April 2018 Sec. Cognitive Neuroscience.

는 이름으로 로봇공학이나 인공지능 영역으로 적용시키려는 공학적 시도들도 있다.[39] 이러한 시도들은 성격을 포함한 인간과 유사한 행동을 나타내는 인공 시스템의 개발에 초점을 맞추고 있다. 이러한 연구가 확장되면 앞으로 인간과 사회적 상호작용을 하는 로봇이나 인공지능이 인간과 비슷한 개성을 지니게 되고 '성격이 까칠한 인공지능'이나 '성격 더러운' AI 스피커 등을 가정에서 보게 될지도 모르겠다.

아이는 태어나는 순간부터 엄마와 다양한 방식으로 상호작용하며 자신의 욕구를 전달하고 충족시키기 시작한다. 인간이 태어나서 최초로 시작하는 사회적 상호작용의 도구는 바로 눈이며 사람은 직관적으로 눈을 통해 다른 사람들로부터 사회적 신호를 해석하는데 이는 한 사람의 일생 동안 진행된다. 즉 우리의 눈은 사회적 상호작용의 중심이라고 할 수 있다.[40]

이에 따라 타인의 시선에 주의를 기울이는 능력이 사회적 상호작용을 이해하고 촉진하는 데 중요한 역할을 한다는 주장이 제기되었으며[41] 반면 타인의 시선을 제대로 이해하지 못하는 것은 자폐 스펙트럼 장애[42]와 같은 사회적 기능의 결핍이나 사회적 불안 장애와 관련이 있다[43]고 알려져 있다.

---

39) Alessandro Vinciarelli and Alex Pentland, New Social Signals in a New Interaction World: The Next Frontier for Social Signal Processing, April 2015 IEEE Systems Man and Cybernetics Magazine 1(2), 10-17.
40) N. J. Emery, The eyes have it: the neuroethology, function and evolution of social gaze. Neuroscience & Biobehavioral Reviews. 24, 581-604, 2000.
41) Michael Tomasello, Malinda Carpenter, Josop Call, Tanya Behna, and Henrike Moll, Understanding and sharing intentions: the origins of cultural cognition. Behavioral and Brain Sciences. 28, 675-735, 2005.
42) Atsushi Senju, and Mark H. Johnson, A typical eye contact in autism: models, mechanisms and development. Neuroscience & Biobehavioral Reviews. 33, 1204-1214, 2009.
43) Franklin R. Schneier, Thomas L. Rodebaugh, Carlos Blanco, Hillary Lewin, Michael R. Liebowitz, Fear and avoidance of eye contact in social anxiety disorder. Comprehensive. Psychiatry 52, 81-87, 201

질문을 주고받을 때와 같은 사회적 상호작용 상황에서 사람들은 특히 질문이 어려울 때 시선을 회피하는 경우가 많다.[44] 시선 회피 혹은 시선 혐오(aversion)는 시각 정보처리를 할 때 인지 부하를 관리하는 방법일 수도 있는데, 예를 들어 실패에 대한 두려움과 같은 부정적인 정서 경험을 완화하는 역할을 하는 도구일 수도 있다.[45] 즉 어려운 질문을 받거나 무언가 난처한 질문을 받으면 대답하는 시간을 벌거나 빠져나갈 답변을 찾기 위해 '눈알을 굴릴 수 있다'는 것이다. 보도에 따르면 이미 AI기술이 인간의 교묘하고 의도적인 질문에 회피하는 알고리즘 수준으로 발전하고 있다.

이미 생성형 인공지능으로 유명한 ChatGPT의 알고리즘은 거짓말과 둘러대기 현상이 종종 발생하는데 이러한 AI의 거짓말을 학자들은 환각(hallucination)이라고 분석하며 이미 나와 있는 자료를 학습한 것을 토대로 대답하는 인공지능은 말뭉치의 조합에서 확률이 높은 것을 선택할 수밖에 없다. 이러한 AI 기술에 '눈'(Vision)'이 주어지면 어떻게 발전할까. 눈치껏 눈알을 굴리는 새로운 시각인공지능의 시대를 맞이하고 있다.

1.
44) Gwyneth Doherty-Sneddon, Vicki Bruce, Lesley Bonner, Sarha Longbotham, and Caroline Doyle, Development of gaze aversion as disengagement from visual information. Developmental Psychology, 38(3), 438-445, 2002.
45) Gwyneth Doherty-Sneddon and Fiona G. Phelps, Gaze aversion: a response to cognitive or social difficulty? Memory & Cognition, 33(4), 727-33, 2005 Jun.

2장

여자의 눈, 남자의 눈

힐끗힐끗 몰래 쳐다보는 남자들, 나쁜 남자에게 끌리는 여자들
어떻게 여자들은 그런 사소한 걸 다 기억할까
운전 못하는 김여사, 사물도 다르게 본다
뉴스를 보는 것일까, 몸매를 보는 것일까

눈은
알고
있다

"The eye is the lamp of the body"
눈은 육신의 등불이다

성경 마태복음 6장 22절

1

힐끗힐끗 몰래
쳐다보는 남자들,
나쁜 남자에게
끌리는 여자들

그가 만약 흘깃흘깃 지나가는 여성의 몸매와 얼굴을 바라보는 남자라면 빨리 헤어지는 게 좋을까. 백화점에서 당신이 옷을 고르거나 맛집에서 메뉴를 고르는 사이 당신의 남자가 안보는 척 하면서 옆자리의 여자를 눈으로 훑고 있다면 어떻게 할 것인가? 왜 어떤 부류의 남자들은 지나가는 여성의 얼굴과 몸매를 또 그렇게 대놓고 훑어보는 것일까? 특히 노출이 심한 옷이나 딱 붙는 옷을 입고 지나가는 여성을 흘깃흘깃 보는 남성이 있는가 하면 민망할 정도로 집중해서 쳐다보는 경우도 있다. 그렇다면 몰래 힐끗힐끗 쳐다보는 남자가 나쁠까 대놓고 빤히 훑어보는 남자가 더 나쁠까? 여성의 경우도 지나가는 잘 생긴 남성의 얼굴이나 몸매를 남성과 똑같은 방식으로 쳐다보는가?

텍사스 대학의 진화심리학자 데이빗 부스(David Buss) 교수 연구팀에 따르면 단기적인 교제를 원하는 남성들은 여성의 얼굴에 초점을 맞추며, 장기적인 교제를 원하는 남성들은 여성의 몸에 더 시선이 간다고 한다. 이에 비해 여성들은 단기적이든 장기적이든 짝을 찾을 때 얼굴이나 몸에 대한 관심에 큰 차이를 보이지 않았다.[46]

이 연구결과에 따르면 남자들은 여자의 몸매에 집착하는 동물적인 모습을 숨기지 못하고 여자들은 남자의 얼굴이나 눈빛을 통해 상대를 파악하려는 노력을 한다는 차이를 보였다. 또한 모르는 여자가 남자들의 마음을 사로잡는 경우는 얼굴도 예쁘고 몸매도 좋은 경우가 대부분이지만 정작 남자들은 여자의 얼굴보다 몸매를 통해 더 순간적인 매력을 느낀다고 보고하고 있다. 특히 짧은 기간 애인으로 사귀고 싶은 경우 남자들은 무조건 몸매를 우선시했다.

375명의 대학생 남녀를 대상으로 한 이 시선추적 실험에서 화면에 주어진 이미지를 장기적인 파트너로 생각하라는 말을 들었을 때, 남자들의 25%가 그들의 잠재적인 파트너의 몸을 보았다. 반면, 화면 속의 그녀를 단기적인 파트너로 생각하라는 말을 들은 사람들 중 51%가 그녀의 몸을 보는 것

---

[46] Jaime C. Confer, Carin Perilloux, and David M. Buss, More than just a pretty face: Men's priority shifts toward bodily attractiveness in short-term versus long-term mating contexts, Evolution and Human Behavior 31(5), September 2010.

을 선택했다.

이에 반해 여자들은 얼마나 오래 사귈 것인가에 관계없이 남자의 얼굴을 몸매보다 더 중요하게 바라봤다. 연구팀은 "여자들은 상대 남자의 얼굴에서 읽을 수 있는 성격이나 눈빛을 통해 상대를 파악하려는 노력을 했지만 남자들은 특히 짧은 만남을 전제로 하면 단지 여자의 몸매만 비교하는 다소 동물적인 모습을 숨기지 못했다"고 분석하고 있다. 아울러 연구팀은 이전 연구에서 남녀가 이성을 고르는 기준으로 몸과 얼굴의 대칭성, 피부상태, 허리와 엉덩이의 비율도 중요한 선정 요소라는 것을 강조하고 있다. 연구팀은 인터뷰에서 "하룻밤 동물적인 사랑을 위해 남자가 술집이나 나이트클럽에서 몸매가 좋은 여자를 찾는 이유가 여기에 있다"며 "남자는 여자의 성적 매력을 몸매와 각선미에서 주로 읽는다"고 연구결과를 강조했다.[47]

이러한 남자들의 부적절하고도 기분 나쁜 시선에도 불구하고 일부 여성들은 왜 나쁜 남자에게 끌리는 현상을 보이는가? 남자가 나쁜 남자처럼 행동할 때 끌리는 이 이상한 이론을 이해하려면 진화심리학자들의 연구가 도움이 될 수 있다. 전술한 대표적 진화심리학자 중 한 명인 데이비드 부스 교수는 이러한 행동을 이해하려면 이 행동이 형성되어 온 과거의 진화과정들을 이해해야 한다고 주장한다.

그는 원시 시대부터 지속되어 온 인간의 짝짓기(Mating)에 주목하여 저서

---

[47] Curvy body more attractive for flings than pretty faces, research shows, The Telegraph, September 15, 2010.

'남자가 나쁘게 행동할 때'[48]에서 이러한 남성의 나쁜 성 행동이 남녀의 성차이에 대한 우리의 근본적인 심리의 일부로서 진화해 왔다고 분석한다. 이러한 진화과정을 이해하는 것은 앞으로 이러한 행동을 막는 중요한 작업이 된다. 남성들이 여성의 벗은 몸을 상상하면서 훑어보는 이 이상 행동을 이해하는 것은 남녀 간 성차를 극복하는 토대가 될 것이다. 진화심리학자들은 지금까지 여성이 남성에 대해 역사적으로, 그리고 반복적으로 대해 온 처리 방식이 결국 지금의 성 특정 행동의 패턴을 만들어왔다고 본다.

남자들은 왜 사랑하는 사람을 두고 다른 여자를 쳐다보고, 왜 사랑하는 사람에게 폭력을 행사하며 나쁘게 행동하려 하는가? 스토킹, 악의적인 유혹, 성희롱, 그리고 성폭행과 같은 현대 사회에 만연한 현상은 주로 남성이 여성에게 가해 온 역사의 산물이다. 여성들의 입장에서 낯선 남성들이 내 몸을 훑으며 볼 때 그 시선을 어떻게 처리해야 할까? 어떤 유형의 남성들이 가장 가해자가 될 가능성이 높은지 알 수 있을까.

짝의 선호에 대한 문명 간 비교 연구에 따르면 완벽한 짝에 대한 남자와 여자의 생각은 크게 다르다. 33개국 37개 문화권의 남성 4,764명, 여성 5,389명을 대상으로 한 연구 결과, 짝에 대한 선호도의 성별 차이가 이전보다 훨씬 크고 이러한 성별 차이는 모든 문명 전반에 걸쳐 공통적이라는 결과가 나왔다.[49] 많은 사람들은 여성과 남성이 그들의 근본적인 심리에서

---

[48] David Buss, When Men Behave Badly: The Hidden Roots of Sexual Deception, Harassment, and Assault, Little Brown Spark, 2021.

[49] Daniel Conroy-Beam, David M. Buss, and Michael N. Pham, Todd K. Shackelford, How sexually dim

동일하다고 믿기를 원하지만, 성별 차이는 이란과 같은 남성 중심 문화에서나, 스웨덴이나 노르웨이 같이 성적으로 평등하다고 믿는 문화권에서도 마찬가지라는 것이다.

BBC는 "왜 사람들이 데이팅앱에서는 나쁘게 행동하는가"라는 특집에서 사람들이 서로를 속이고 배우자를 교환하는 등 온갖 나쁜 행동들을 하는 원인을 짚고 있다.[50] 만약 카페나 레스토랑에서 낯선 사람과 말을 섞거나 주고받게 되었다면 "됐네요 당신은 내 스타일이 아니에요 말 걸지 마세요"라고 면상에 대놓고 말할 수 없을 텐데 디지털 세상에서는 이런 일이 당연하게 일어난다. 통계에 따르면 미국에서는 10명 중 3명이 온라인 데이팅앱을 사용하며 18~29세의 경우 앱 사용비율이 48%에 이르고 있다. 2018년에 실시된 네덜란드와 미국의 공동연구에 따르면 42%의 사람들이 틴더(Tinder)와 같은 데이팅 앱을 사용하며 이들은 대부분 결혼했거나 사귀는 사람이 있는 상태였다.[51]

정보기술의 발달이 가져온 비대면 상황, 혹은 익명 상황은 이러한 기존의 남녀 관계를 바꾸고 있다. 대표적인 것이 온라인 데이팅 앱을 이용한 관계라고 할 수 있다. 이러한 데이팅 앱은 인간 사이의 로맨틱한 관계를 시작

---

orphic are human mate preferences?" Personality and Social Psychology Bulletin. 41(8),1082-93. August 2015.

[50] Jessica Klein, Why people behave badly on dating apps, BBC Lovelife, 6th May 2022. https://www.bbc.com/worklife/article/20220505-why-people-behave-badly-on-dating-apps

[51] Elisabeth Timmermans, Elien De Caluwé, and Cassandra Alexopoulos, Why are you cheating on tinder? Exploring users' motives and (dark) personality traits, Computers in Human Behavior Volume 89, 129-139, December 2018.

하고 형성하고 끝내는 방식을 변화시키고 있다.

2019년의 연구에 따르면 응답자들은 데이트 상대의 29%에 대해 잠수[52]를 탄 경험이 있다고 밝혔다.[53] 미국 대학생들을 대상으로 한 이 연구에서 3분의 2는 데이팅 앱에서 그들이 알고 있는 누군가를 만났다고 밝혔으며, 17%는 온라인에서 누군가에게 메시지를 보낸 적이 있고, 7%는 그 관계에서 만난 누군가와 성관계를 가졌다고 보고하고 있다. 또한 658명의 대학생을 대상으로 한 2018년 연구에서 저자들은 백버너(backburner)[54]의 수가 독신이거나 무심코 데이트를 하거나, 헌신적인 관계에 있는 사람들 사이에서 크게 다르지 않다는 것을 발견했다. 전체 응답자의 약 73%가 백버너를 한 명 이상 보유하고 있다고 보고하고 있다.[55]

---

[52] 영어로는 Ghosting으로 지칭되며, 상대방에게 아무런 연락 없이 홀연히 사라지는 것을 의미.

[53] Leah E. LeFebvre, Mike Allen, Ryan D. Rasner, Shelby Garstad, Aleksander Wilms, and Callie Parrish, Ghosting in Emerging Adults' Romantic Relationships: The Digital Dissolution Disappearance Strategy. Imagination, Cognition and Personality, 39(2), 125-150, 2019.

[54] 백버너는 사람들이 미래에 잠재적으로 낭만적/성적인 관계를 맺기 위해 소통하는 파트너를 의미한다.

[55] Narissra M. Punyanunt-Carte, Michelle Drouin and Jayson Dibble, Maintaining Relationship Alternatives Electronically: Positive Relationship Maintenance in Back Burner Relationships, Communication Research Reports, Volume 35, Issue 3, 2018.

2

어떻게 여자들은 그런 사소한 걸 다 기억할까

가끔 여자들이 십여 년 전 어딘가 여행을 가서 본 사소한 액세서리를 기억한다던지, 혹은 기억조차도 못하는 첫 만남에서의 식사 메뉴를 기억한다던지 하는 사실에 남자들은 감탄하고는 한다. 어떻게 여자들은 그렇게 사소한 것들을 일일이 다 기억하고 심지어 수 십 년도 더 된 첫 만남에서의 옷차림 색상까지도 뇌 속에 집어넣고 사는지 신기할 따름이다. 물론 모든 여성들이 이렇게 사소한 걸 다 기억하는 것은 아니다. 남자 중에서도 가끔 이렇게 메모장에 적어 놓은 듯이 지나간 사소한 것들을 기억하고 끄집어내서 말하는 사람들이 있다.

남성과 여성을 대상으로 한 소개팅 상대 프로필에 대한 시선추적 실험은 남녀 간의 시선분포가 확실히 다름을 보여준다. 남성 참가자들은 여성의 얼굴과 신체조건을 주로 보고 판단한 반면, 여성 참가자들은 남성의 외모와 직업/연봉 등의 정보를 주로 보았다.[56]

이러한 남녀의 기억, 혹은 시각에 대한 성차에 대한 연구는 인류의 역사만큼이나 오래됐다고 할 수 있다. 남자와 여자의 시지각 차이에 대한 가능한 설명은 수십 세기 전으로 거슬러 올라가는데, 당시 남성은 수렵채집자, 여성은 양육자 역할을 했기 때문에 이러한 시각적 성차가 발생했다고 설명하기도 한다. 즉 남성들은 사냥을 나가야 하므로 먼 곳을 두루 살피는 시력이 발달했고 여성은 농사를 짓거나 육아를 담당했기에 세부적인 것을 보는 시각이 발달했다고 보는 것이다.

이처럼 남성과 여성은 사물을 다르게 본다. 이는 길을 묻는 것과 같은 공간 지각에 관한 것만이 아니다. 여성은 색을 더 정교하게 구별할 수 있는 반면 남성은 미세한 디테일과 빠르게 움직이는 물체에 더 민감하게 반응한다는 연구들도 있다.

연구자들은 시각에 대한 남녀의 차이에 대해 시각피질의 호르몬 차이 때문에 이러한 성별 차이가 발생한다고 본다. 대뇌 피질에는 테스토스테론 수용체가 많이 분포하고 있는데 남성과 여성은 이러한 수용체 분포의 차이 때문에 색상 인식에 차이를 가진다는 것이 정설이다. 예를 들어 어떠한 요소의 차이도 없는 동일한 물체에 대해 대규모 그룹을 대상으로 한 색상 실험에서 남녀 간 명확하고 유의미한 차이가 발견되었다. 일반적으로 남성은

---

[56] Brain & Research Innovation, 시선추적은 무엇인가?, 2015.12.30. http://bnr.co.kr.

여성과 같은 색을 경험하기 위해서는 더 긴 파장을 필요로 한다.[57] 색상 지각에서는 테스토스테론이 중요한 역할을 하는데 남성의 경우 이미지가 처리되는 시각피질에서 테스토스테론 수용체 수치가 여성보다 25% 높아서 결과적으로 남성의 시각 시스템은 얼굴을 인식하거나 아이차트(eye chart)에서 글자를 읽는 것과 같이 공간을 가로지르는 밝기의 변화를 인지하는 데 있어서는 여성보다 더 잘 할 수 있다. 그러나 파란색과 녹색의 음영과 같은 시각적 스펙트럼의 중간에서 색을 구별하는 데는 여성이 남성보다 낫다.[58]

인간의 눈은 흔히 카메라의 렌즈와 비교되는 경우가 많다. 카메라는 어떤 종류든 기본적 구조가 렌즈, 조리개, 셔터, 몸체로 구성되어 있다. 수정체는 렌즈에 해당하며 홍채는 조리개 역할을 하고 망막은 필름 역할을 담당한다. 여기서 망막은 흑백필름의 감광제 역할을 하는 간상체(杆狀體)와 컬러 필름의 역할을 하는 원추체로 구성되어 있다. 원추체(cone), 즉 원추세포는 시각 색소가 들어 있어 색상을 지각하지만 간상세포는 밝기에만 반응한다.

망막에는 세 종류의 원추세포가 있는데 이들은 각기 다른 종류의 단백질 옵신(opsin, 알파 베타 감마 세 개의 소단위체로 구성)을 가진다. 옵신은 레티날(retinal)이라는 분자와 결합해 있는데 빛을 받으면 레티날의 구조가

---

[57] Israel Abramov, James Gordon, Olga Feldman and Alla Chavarga, Sex and vision II: color appearance of monochromatic lights, Biology of Sex Differences 3(21), 2012.
[58] Alex Philippidis, Why Men and Women See Things Differently, Genetic Engineering & Biotechnology News, September 17, 2012.

변하여 생화학 연쇄반응이 일어나며 그 결과 뇌에서 빛을 인식하게 된다. 즉 옵신은 레티날이 반응할 빛의 파장을 결정하는데 인간의 경우 붉은색(564nm), 초록색(535nm), 파란색(433nm)의 파장을 흡수하는 옵신이 존재하며 이것이 바로 빛의 삼원색이라고 하는 RGB칼라의 원리라고 할 수 있다.[59]

이처럼 색상 지각은 원추세포에 의존하는데 원추체는 긴 파장(붉은색)의 빛에 민감하게 반응하는 L원추와 짧은 파장(파란색)의 S원추, 그리고 중간 파장(초록색)에 반응하는 M원추로 구성되어 있다. 시각 스펙트럼의 대부분에서 남성들은 같은 색을 경험하기 위해 여성보다 약간 더 긴 파장을 필요로 한다. 이러한 생체적 차이로 인해 쉬운 말로 여성의 경우 잔디가 더 푸르게 보이며 남성의 경우 장미가 더 붉게 보이는 것이다. 그러나 연구진들은 이러한 결과가 어떠한 원인에 의해 차이가 나는지는 아직 알 수 없다고 밝히고 있다.

어쨌든 그간의 연구결과는 남성들은 녹색 파장의 푸른색을 잘 구분 못하며 여성들이 남성들보다 더 푸르게 풀을 볼 가능성이 더 높다고 설명한다. 마찬가지 이유로 남성들의 원추체는 붉은 색 파장을 더 많이 받아들이기 때문에 빨간 색 물체나 단서들을 더 잘 구분한다고 볼 수 있다.

이처럼 인류가 존재하기 시작한 태초부터 남성과 여성의 사물에 대한 지각이나 수용에 있어서의 차이는 남녀의 우월성에 대한 논쟁으로까지 지

---

[59] 인간을 포함한 영장류는 RGB 세종류의 색을 볼 수 있지만 대부분의 포유류는 두 종류(RG)의 색만 볼 수 있다. 파충류와 조류, 양서류는 네 종류의 색을 본다.

속되어 왔다. 남자와 여자는 행동학적 특성뿐만 아니라 육체나 기억, 감정, 생각까지 다르며 시각조차도 다를 수밖에 없다. 운전이나 지식, 친절, 운동 등의 다양한 분야에서 어떤 성별 차이들은 증명이 되었고 또 어떤 것들은 증명이 되지 않았다. 인지나 청각, 체성감각 등에 대한 성별 차이에 대한 많은 연구들은 잘 확립되어 있지만 시지각에 있어 성별 차이가 있는지에 대한 연구들은 상대적으로 적은 편이다.

800명 이상의 참가자로 구성된 집단 대조 연구(Cohort 연구)에서 15개의 시지각 측정(시각적 예민함, 움직임 감지, 대조나 대비의 감지등) 테스트 결과 6개의 테스트에서 남성이 여성보다 월등히 우수했으며 어떤 테스트에서도 여성이 남성보다 우수한 성적을 거두지 못했다는 연구결과가 있다.[60] 이러한 결과를 볼 때 남녀의 시지각 차이는 시각 연구에서 성에 대한 통제를 하는 것이 중요하다는 것을 알 수 있다.

이러한 시지각 연구와 달리, 1894년 연구에서 여자 고등학생들이 남자 학생들보다 언어 기억력 과제에서 우수하다는 보고가 있은 후[61] 많은 심리학 연구들이 기억력이나 사회적 인지 관점에서 여성이 우수하다는 결과들을 보고하고 있다. 이러한 심리연구에 근거해 "요즘은 여학생들이 남학생보다 더 공부도 잘하고 수행평가나 사회활동 등에 있어서도 낫다"는 말이 나

---

[60] Albulena Shaqiri, Maya Roinishvili, Lukasz Grzeczkowski, Eka Chkonia, Karin Pilz, Christine Mohr, Andreas Brand, Marina Kunchulia, and Michael H. Herzog, Sex-related differences in vision are heterogeneous, Scientific Reports, 8: 7521. Published online 2018 May 14.

[61] Havelock Ellis, Man and Woman: a Study of Human Secondary Sexual Characters, Kessinger Publishing, 2007.

오는지도 모르겠다. 서울대를 비롯한 명문대 입학생의 비율에 있어서도 여성의 비율이 남성보다 높은 것이 이를 말해 준다.

미국의 경우도 국립교육통계센터에 따르면 2012년 봄 학기 동안 여학생이 남학생을 61:39%로 앞질렀으며, 전국 모든 학위 수여 학교에서도 여학생이 57:43%로 앞질렀다. 또한 많은 연구들이 운전이나 정신 전환 등에 있어서는 남성들이 우세하며 여성들은 청각 및 체성감각에서 우세하다는 결과들도 보고되었다.

그러나 다른 지각 연구에서의 성차와 달리 시지각 연구에서 성별 차이에 대한 연구가 드물고 연구결과의 설명력이 부족하다는 것은 놀랍다. 예를 들어 여성들이 남성들에 비해 낮은 시각적 해상력을 가지고 있으며 공간 구분력에 있어 여성과 남성은 차이가 있다는 결과가 있는가 하면[62] 또 다른 연구는 모든 공간 지각에서 남성이 여성을 능가하거나[63] 모든 공간 지각에서 성별 차이를 발견하지 못했다[64]는 상반된 연구결과들이 존재한다. 이러한 상이한 결과는 표본수가 작으며 방법론상 차이가 있어서 그런 것으로 분석된다. 전술한 대규모 연구에서는 전체 연령대(5~92세)에 걸쳐 측정한 결과, 5세 아동에 대해서만 성별 차이가 확인되었다. 이러한 연구들을 종합하면 시지각에 대한 성별 차이는 매우 복잡함을 알 수 있다.

---

[62] Lesley Barnes Brabyn & Diane McGuinness, Gender differences in response to spatial frequency and stimulus orientation. Perception & Psychophysics. 26:319-324. 1979.

[63] Israel Abramov, James Gordon, Olga Feldman & Alla Chavarga, Sex & vision I: Spatio-temporal resolution. Biology of Sex Differences. 3:20. 2012.

[64] Jennifer L. Solberg and James M. Brown, No sex differences in contrast sensitivity and reaction time to spatial frequency. Perceptual and Motor Skills. 94:1053-1055. 2002.

인지(Cognition)에 대한 성별 차이 연구들은 대부분 시각 과제를 사용해 실험을 하기 때문에 시지각에 있어 성별 차이가 있는지를 규명하는 것은 매우 중요하다. 시지각에 성별 차이가 있는 경우, 인지의 성별 차이 연구는 결국 시지각의 차이로 설명될 수 있기 때문이다.

90년대 들어 급격한 정보기술의 발전과 시선추적 장치의 등장, 저렴한 뇌 측정 장치의 등장으로 남녀의 성별 차이에 관한 연구는 과학적으로 활성화되는 경향을 보인다. 그동안의 방법론과 달리 과학적 의료장비로 시지각과 인지의 관계를 과학적으로 측정하고 분석할 수 있게 됨에 따라 남녀의 시지각 차이에 대한 연구도 앞으로 활성화되리라고 예측된다.

3

운전 못하는 김여사, 사물도 다르게 본다

남성들이 여성들을 지배한다는 남성우월주의 사고와 유전자는 세대를 넘어서 전해지면서 서구문명을 지배해왔다. 심지어 1937년 미국의 인류학자인 애슐리 몬태규(Ashley Mantagu)는 여성이 '길들여진 암소'에 불과하다며 여성을 비하하기도 했다.[65]

영미 권에서는 개념 없는 여성 운전자를 미스 데이지(Miss Daisy)[66] 혹은 'Karen'[67]이라고 비하해 표현하며, 우리나라에서도 과거 김여사로 지칭되는

---

[65] 그러나 그는 1953년 발간된 그의 저서(The natural superiority of women, Macmillan)에서 여성이 남성보다 우월한 성이라고 기술하며 **성별은 경쟁하는 것이 아니라 서로 협력하고 보완해야 한다**고 결론짓고 있다.
[66] '드라이빙 미스 데이지(Driving Miss Daisy)'라는 영화에서 나온 표현으로 데이지 여사의 행동이 미숙한 운전을 보였기 때문.
[67] 미국에서 1951-1968년 사이에 캐런이라는 이름을 여자 아이에게 많이 지어줬는데, 그 세대가 중노년이 되면서 한국의 김여사와 같은 맥락이 되었다.

운전모음이 유튜브 상에서 수천만 조회수를 보인 적이 있다. 이렇게 운전에 서툰 여성을 가리키는 표현은 독일과 일본, 중국 등 대부분의 국가에서 존재한다.

과연 그렇다면 여성은 남성보다 운전에 미숙한가? 과학자들은 이러한 질문에 대한 대답을 호르몬의 차이, 신체 구조의 차이, 유전적 특성의 차이 등 다양한 측면에서 밝히려고 노력해왔다. 이 성별에 따른 차이를 설명하는 여러 가지 문화적 사회적 해석과 진화생물학이나 호르몬 차이에 의한 성별 차이는 과연 인류가 존재하는 한 영원히 피할 수 없는 결론일까?

학자들은 이에 대해 그렇지 않다고 결론내리고 있다. 문화나 유전자가 인간의 행위를 형성하는데 엄청난 영향을 미치는 점은 부인할 수 없다. 유아기의 성별 차이나 청소년기의 남녀 격차연구들은 에스트로겐과 테스토스테론이라는 호르몬이 가져오는 공간, 언어적 능력의 성별 차이가 유의미하다고 본다. 즉 남녀의 성별 차이는 최소한 부분적으로는 생물학적 차이가 존재한다. 또한 이런 생물학적 차이들이 진화론적으로도 의미가 있을 수 있다. 남성들이 수 백 만 년 전 사냥을 위해 정찰을 하다 보니 짐승을 추적하는 능력이 우수하게 발달한 반면, 여성들은 농경지나 초지에서 먹을 만한 야채를 찾거나 정지해 있는 물체의 위치를 기억해내야 하는 능력을 키워야만 했을 것이다. 또한 아이를 기르는 임무를 주로 담당하고 있는 여성의 입장에서는 언어 능력 또한 발달할 수밖에 없었을 것이다.

일반적으로 언어 능력은 여성들이 남성들보다 우수하다고 알려져 있다.

가임기 여성 2백 명을 대상으로 한 언어능력 테스트에서 여성호르몬인 에스트로겐 수치가 가장 높이 올라가는 배란기 때 여성들의 언어능력도 최고조에 달한다는 연구결과가 있다.[68] 한국식으로 하면 "경찰청 창살 쌍철창살"이나 "간장공장 공장장은 깐 공장장"과 같은 어려운 구절을 빠르게 다섯 번씩 반복하도록 했을 때, 여성들은 배란기 때 가장 우수한 결과를 보였으며 가장 성과가 나쁠 때도 대부분의 여성들은 남성들보다 모든 언어적 테스트에서 우세한 결과를 보였다.

이처럼 언어지각의 우수성과 달리 공간 지각력에 있어서는 남성호르몬 수치가 낮은 사춘기 소년들이 공간적 능력에서 취약성을 보인다. 이것이 여성들이 남성들보다 공간적 능력이 발달되어 있지 않다는 뜻은 아니다. 한 연구팀은 방안에 배열된 여러 가지 물체를 보여준 뒤 그 위치와 내용을 기억하도록 하는 실험을 하고 참가자들에게 종이에 그려보도록 했는데, 여성들이 남성들보다 이 물체들과 그 위치를 훨씬 더 많이 기억하고 있었다.[69]

이 연구의 후속연구는 40개국 참가자들을 대상으로 확대 실시되었는데 위치 기억력 테스트에서 35개국에서 여성이 남성보다 훨씬 높은 점수를 받았다.[70] 이러한 결과에 미루어 보면 공간에 관한 성별 차이는 유전적인 요

---

[68] Grace J. Lee, Ashley R. Curiel, Karen J. Miller, Stacy Amano, Richard Gorsuch, and Gary W Small, Language performance in postmenopausal women with and without hormone therapy and men. Aging Health. 8(6):625-632, 2012.

[69] Marion Eals & Irwin Silverman, The Hunter-Gatherer theory of spatial sex differences: Proximate factors mediating the female advantage in recall of object arrays. Ethology and Sociobiology, Volume 15, Issue 2, Pages 95-105, 1994.

[70] Irwin Silverman, Jean Choi, and Michael Peters, The hunter-gatherer theory of sex differences in spatial abilities: data from 40 countries. Archive of Sexual Behavior, Apr;36(2):261-8, 2007.

인과 환경적 요인의 상호작용을 바탕으로 이뤄진다고 결론지을 수 있다.

이러한 성별에 따른 차이는 시지각에 있어서도 차이를 보이며 인간이 갖고 있는 성적 취향도 이러한 유전학적 산물일지도 모른다. 이미 음식에서의 취향이 일부 유전적인 영향이 존재한다는 것이 밝혀져 있다. 어린 나이에 시작된 맛에 대한 후천적 경험이 중요하지만 엄마의 자궁 안에서 맛에 대한 인식의 유전자가 영향을 미친다는 연구결과가 있다.[71] 따라서 성적 취향이나 상대방을 성적으로 바라보는 시지각의 차이 또한 일부는 유전적 영향을 받을 수 있는 것이다.

1960년대에 출판된 유명한 연구는 동공의 크기가 남녀의 시각정보처리과정을 반영한다는 것을 밝혔다. 시카고대학의 연구자들은 남녀참가자들에게 반라의 남녀사진을 보게 했는데 여자참가자의 동공 크기가 남자를 볼 때 커지고 남자참가자의 동공이 여자를 볼 때 커진다는 것을 밝힌 바 있다. 이어서 이들 연구자들은 호모섹슈얼 참가자들이 남자의 반라 사진을 볼 때 동공이 커지는 것을 발견했다.(여자 반라 사진이 아닌)[72] 그러나 여자 참가자의 동공이 아기를 안고 있는 어머니의 사진에도 반응했는데 이는 동공이 단순한 흥분반응(arousal) 뿐만 아니라 우리가 보고 있는 대상에 대한 관심을 반영한다는 것을 알 수 있다.

---

[71] Danielle R. Reed, Toshiko Tanaka, and Amanda H. McDaniela, Diverse tastes: Genetics of sweet and bitter perception. Physiology & Behavior. 30;88(3):215-26, 2006.
[72] Eckhard H. Hess & James M. Polt, Changes in pupil size as a measure of taste difference, Perceptual and Motor Skills, 23, pp. 451-455, 1966.

2000년대 들어 학자들은 1960년대와 1970년대에 이뤄진 상기 시카고대학 연구팀들의 결과들을 최신 의학 장비를 이용해 그대로 복제해 실험을 한 결과 사람들이 시각적 자극의 흥미 가치, 자극 내용 또는 정신적 요구에 따라 동공이 동일하게 팽창하거나 수축한다는 것을 확인한 바 있다.[73] 60여년 전의 실험결과가 현재에도 유효하다는 것이다.

이러한 시지각의 성별 차이는 결국 남성과 여성의 뇌가 서로 다른 구조와 작동 매커니즘을 갖고 있기 때문이다. 이것이 남녀 간의 눈의 움직임 패턴도 다양하게 다르도록 생성할 수 있다고 알려져 있다. 한 연구는 실내에서 사진을 보는 동안 25명의 남성과 20명의 여성 참가자의 눈 움직임을 시선추적 실험을 통해 분석했는데, 성별 간의 눈동자 움직임 패턴에서 상당한 차이를 발견했다.[74] 사진을 보는 동안 시선 움직임의 경로, 응시시간, 도약안구운동(saccade)[75]등을 측정한 결과 여성이 훨씬 더 큰 도약안구운동과 긴 시선 경로를 보여주었다. 즉 여자가 남자보다 더 탐구적인 시선 행동을 보여주며 이미지를 더 빨리 검사한다고 볼 수 있다.

그러나 이 같은 시각 기억력에 있어서는 여성이 남성보다 훨씬 우월하지만 3차원 물체의 인식과 공간 지각력을 테스트하는 정신회전(Mental

---

[73] J.C.F. de Winter, S.M. Petermeijer, L. Kooijman, and D. Dodou, Replicating five pupillometry studies of Eckhard Hess, International Journal of Psychophysiology, Volume 165, Pages 145-205, July 2021.

[74] Bahman Abdi Sargezeh, Niloofar Tavakoli, and Mohammad Reza Daliri, Gender-based eye movement differences in passive indoor picture viewing: An eye-tracking study, Physiology & Behavior, 1:206:4 3-50, 2019.

[75] Saccade는 도약안구운동으로 번역되며 눈동자가 한 응시점에서 다른 응시점으로 빠르게 이동하는 운동으로 1초에 보통 4-5회의 도약운동을 한다.

Rotation) 과제 실험에서는 남성이 여성보다 우월하다는 결과들이 보고되고 있다. 정신회전과제는 쉽게 말해 테트리스 게임처럼 모양이 다양한 3차원 벽돌을 회전시켜서 얼마나 잘 끼워 맞추는지 보는 것과 유사한 과제들이라 할 수 있다.

블록과 인간 형상을 자극으로 하여 남성과 여성의 정신회전 수행을 비교하는 시선추적 실험에서 남성이 여성보다 높은 정확도를 달성했으며 모든 참가자는 블록에 비해 인간 형상을 대상으로 한 실험에서 우수한 결과를 보였다.[76] 그러나 이러한 실험결과는 일반적으로 그렇다는 것이지 큰 개인차를 보이고 있다는 것이 정설이다. 한 연구는 인지과제나 정신회전 과제에서 성별 간 차이보다 다양한 집단 속성의 변동성의 차이가 훨씬 크다고 주장하고 있다.[77]

그럼에도 불구하고 정신 회전 과제에서는 일반적으로 남성이 여성보다 평균적으로 우수하다는 결과는 그동안 반복적으로 보고되고 있다.[78] 많은 연구자들이 왜 정신 회전과제에서 이러한 성별 차이가 발생하는지 원인을 규명하기 위해 노력해왔다.

일부 연구자들은 정신 회전의 성별 차이가 타고난 공간적 능력의 수준에 따라 다르다고 주장하지만[79] 인간의 정신회전 능력은 유연하기 때문에

---

[76] Daniel Voyer, Jean Saint-Aubin, Katelyn Altman, and Randi A. Doyle, Sex Differences in Tests of Mental Rotation: Direct Manipulation of Strategies With Eye-Tracking, Journal of Experimental Psychology: Human Perception and Performance Vol. 46, No. 9, 871-889, 2020.

[77] Janet Shibley Hyde, The gender similarities hypothesis. American Psychologist, 60, 581-592, 2005.

[78] Daniel Voyer, Susan Voyer, & Philip M Bryden, Magnitude of sex differences in spatial abilities: A meta-analysis and consideration of critical variables. Psychological Bulletin, 117, 250-270, 1995.

훈련에 따라 효과가 달라진다는 보고도 많다. 따라서 성차는 정해진(타고난) 공간적 능력이라고 볼 수 없으며 다른 요소들의 영향을 받는다는 것이 일반적이다. 이러한 다른 요소로는 다양한 생물학적 요소와 사회문화적 요소, 그리고 측정변인의 차이를 들 수 있다. 생물학적 요인으로는 뇌 구조의 차이[80)81)])와 호르몬 수준의 차이[82)83)]가 거론된다. 사회문화적 요인으로는 아동기 활동,[84)] 성 역할 식별[85)]과 같은 변인을 들고 있다.

정신 회전의 성별 차이에 대한 가장 우세한 설명은 평균적으로 남성과 "뛰어난" 정신회전능력을 가진 사람은 과제 수행에 있어 효율적인 전체 전략을 먼저 고려한 다음 회전시키는 '전체론적' 전략을 사용하는 경향이 있다는 것이다. 즉 이러한 남성의 전략에 비해 여성과 "서투른" 회전능력자는 평균으로 형상의 일부에 초점을 맞춘 단편적인 전략을 사용하는 경향이 있다는 것이다.[86)87)]

[79)] David F. Lohman, The effect of speed-accuracy tradeoff on sex differences in mental rotation. Perception & Psychophysics, 39, 427-436, 1986.

[80)] Kenneth Hugdahl, Tormod Thomsen, and Lars Ersland, Sex differences in visuo-spatial processing: An fMRI study of mental rotation. Neuropsychologia, 44, 1575-1583, 2006.

[81)] Kirsten Jordan, Torsten Wüstenberg, Hans Jochen Heinze, Michael Peters, amd Lutz Jancke, Women and men exhibit different cortical activation patterns during mental rotation tasks. Neuropsychologia, 40, 2397-2408, 2002.

[82)] Sheri A. Berenbaum, Krishna Korman, and Catherine Leveroni, Early hormones and sex differences in cognitive abilities. Learning and Individual Differences, 7, 303-321, 1995.

[83)] Delphine S. Courvoisier, Olivier Renaud, Christian Geiser, Kerstin Paschke, Kevin Gaudy, and Kirsten Jordan, Sex hormones and mental rotation: An intensive longitudinal investigation. Hormones and Behavior, 63, 345-351, 2013.

[84)] Isabelle D. Cherney & Daniel Voyer, Development of a spatial activity questionnaire I: Items identification. Sex Roles, 62, 89-99, 2010.

[85)] Maryjane Wraga, Lauren Duncan, Emily C. Jacobs, Molly Helt & Jessica Church, Stereotype susceptibility narrows the gender gap in imagined self rotation performance. Psychonomic Bulletin & Review, 13, 813-819, 2006.

이러한 연구결과들은 왜 여자들이 그렇게 오래되고 사소한 것들, 그리고 TV드라마 여배우가 차고 나온 악세사리들을 잘 기억하는지를 설명하는 데 도움이 된다. 그러나 시선추적 장치를 이용한 실험 결과 남성이 단편적인 처리가 필요한 작업에 대해서도 이점을 가질 수 있다는 결과도 제시되어 있어[88] 남녀 성별차이는 이러한 전략 선택 이외의 요소들에 대한 성별 차이 연구가 앞으로 추가적으로 필요하다는 것을 시사한다.

이러한 이유로 학자들은 남자와 여자, 나아가서 인간의 시각적 처리에 관여하는 다양한 생물학적, 신경학적, 그리고 사회학적 메커니즘을 융복합적으로 연구하기 시작했다. 시선추적장치나 뇌인지 과정을 측정할 수 있는 다양한 의공학 장비의 등장으로 연구자들은 이제 언어학, 사회학, 생리학, 발달 및 진화 심리학, 인간 컴퓨터 상호 작용, 사회 신경 과학 등 광범위한 분야의 지식을 융합해 남자와 여자의 시지각과 시선 행동이 왜 차이를 보이는지 연구 중이다.

---

[86] Martin Heil and Petra Jansen-Osmann, Sex differences in mental rotation with polygons of different complexity: Do men utilize holistic processes whereas women prefer piecemeal ones? Quarterly Journal of Experimental Psychology: Human Experimental Psychology, 61, 683-689, 2008.

[87] Peter Khooshabeh, Mary Hegarty, and Thomas F Shipley, Individual differences in mental rotation: Piecemeal versus holistic processing. Experimental Psychology, 60, 164-171, 2013.

[88] Daniel Voyer & Benjamin R. MacPherson, Sex differences in curve tracing. Revue canadienne de psychologie expérimentale. Advance online publication. 2020. http://dx.doi.org/10.1037/cep0000205.

4

뉴스를 보는 것일까, 몸매를 보는 것일까

 연구에 따르면 우리나라에서는 날씨 프로그램을 볼 때 남성들이 여성 기상캐스터의 몸매를 보느라 정작 내일 날씨가 어떤지는 잘 기억하지 못한다는 결과가 있다. 전 세계에서 유독 우리나라에서만 날씨 프로그램은 일반 뉴스 프로그램과 달리 진행자가 대부분 젊은 여성이며, 뉴스 프로그램보다 의상이나 카메라 샷 등이 화려한 편이다. 미국이나 영국의 경우 날씨 뉴스를 전하는 사람들은 평범한 외모에 심지어 임산부까지 등장하며 공영방송인 BBC는 기상캐스터들 모두 기상청 소속의 전문가들이다.

 기상캐스터의 직업 요건에는 방송능력, 외적 이미지, 기상에 대한 지식, 제작 능력 순발력 등이 요구되지만 방송사는 기상캐스터를 뽑을 때 외모를 중심 조건에 두고 전공 지식은 따지지 않는다는 연구결과도 있다.[89] 이 조사는 날씨 뉴스를 전달하는 기상캐스터라는 단어 자체가 이제 미모와 몸매를 갖춘 젊은 여성을 의미하는 하나의 기호가 됐다며 방송사에서 의도적으로 기상캐스터와 관련된 보도자료를 내고 연예매체에서 기사화하며 기상캐스트들을 몸매, 외모 등을 강조하는 스타시스템 내에 소비시키고 있고 시청자들 역시 이를 그대로 받아들이는 이중성이 고착화되었다고 보고 있다.

이처럼 우리나라의 날씨 프로그램은 뉴스를 전하는 젊은 여성들이 꽉 붙은 옷차림과 짧은 치마, 혹은 선정적인 의상을 입고 진행하는 경우가 많다. 심지어 한국에서는 기상캐스터가 마치 연예인처럼 인식되는 문화가 있으며 오락프로그램에 출연해 자신의 패션이나 화장 노하우를 공개하기도 한다. 전 세계에서 우리와 비슷한 기상 캐스터 문화를 가진 국가는 중남미 국가 일부 정도이며 대부분 선진국에서는 기상 뉴스는 날씨를 전달하는 전문가 중심으로 진행한다.

이웃 일본만 하더라도 기상뉴스는 기상예보사 자격증을 가진 기상캐스터만 진행하고 있으며, 한국과 달리 일기뉴스가 훨씬 길고 상세하게 소개된다. 진행자 또한 남자와 여자가 골고루 배치되는데 일본의 대표 방송사인 NHK만 하더라도 남성끼리 진행하거나 남성과 여성 각 1명씩 진행하는 포맷을 고수하고 있는데 최근 들어 일본 방송 또한 우리나라의 영향을 받은 탓인지 국영방송을 제외한 민간방송국들이 기상뉴스를 젊은 여성 진행자 중

[80] 홍숙영, 2020, 기상캐스터와 젠더날씨, 방송문화진흥회 후원 특별세미나, 한국여성커뮤니케이션학회, 2020.9.25. 발제집.

심으로 진행하고 있다. 이러한 현상에 대해 우스갯소리로 한국의 일기예보도 K드라마나 K팝 같은 한류 현상의 하나라는 평가도 있다.

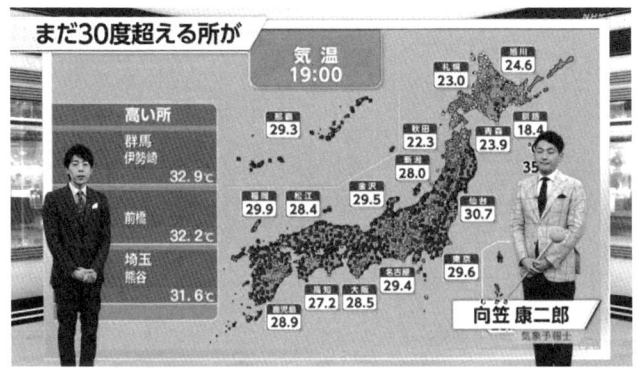

그림 1 일본 NHK의 기상예보(주말, 2022년 6월)

뉴스든 광고든 이렇게 선정적 소구를 사용하는 목적은 선정적인 자극물을 사용하여 소비자 혹은 이용자들의 주의를 끌고 흥미를 유발시켜 콘텐츠나 제품에 대한 관심도와 구매의도를 증가시키는 것이다. 즉 뉴스나 광고에 매력적인 젊은 여성과 같은 선정적 모델이 등장하면 주의도 높아지며 이어 기억도 증가한다는 전제가 있기 때문이다.[90] 이처럼 광고에서 성적 매력의 효과는 높은 것으로 믿어져왔고 일부 입증되어 왔다.[91]

---

[90] Tom Reichert, Courtney Carpenter Childers & Leonard N. Reid, How Sex in Advertising Varies by Product Category: An Analysis of Three Decades of Visual Sexual Imagery in Magazine Advertising, Journal of Current Issues & Research in Advertising Vol 33, Issue 1, 2012.

[91] Kimberly Taylor, Anthony D. Miyazaki, and Katherine Beale Mogensen, Sex, Beauty, and Youth: An Analysis of Advertising Appeals Targeting U.S. Women of Different Age Groups, Journal of Current Issues & Research in Advertising, 34(2), 212-228, 2013.

그러나 미디어에서의 성적 매력의 효과를 조사하는 연구들은 일관된 아이러니를 지적하고 있다. 즉 광고에서의 성적 매력이 주목도를 높이는 데는 기여하지만 기억이나 태도에 대한 효과는 유의하지 않다는 것이다.[92] 다시 말해 뉴스나 광고에 성적으로 매력적인 모델을 출연시킬 경우 주목은 받겠지만 정작 미디어의 메시지에 대한 기억이나 선호도로 이어지지 않을 수 있다. 따라서 현재의 기상뉴스 포맷처럼 젊은 여성 캐스터의 만연한 사용은 그 효과를 장담하기 어렵다는 것이다. 2009년 국내에도 상륙했다 문을 닫은 네이키드 뉴스(Naked News)[93]는 진행자들이 알몸으로 뉴스를 진행하는데 한 달 만에 서비스를 종료한 이유는 단순히 사회의 부정적인 정서 때문만이 아니라 뉴스 매체의 본질은 정보를 전달하는 것인데 나체가 정보 전달을 방해했기 때문일 수도 있다.

대부분의 연구자들은 광고나 뉴스 미디어에서 선정적인 정보는 자동으로 주의를 할당하는 생물학적 성향이 있어 쉽게 사람들의 주의를 끌고 잘 기억된다고 보고하고 있다.[94] 이런 결과가 나온 이유는 사람들의 정보처리 능력과 기억용량이 제한되어 있기 때문에 사람들은 여러 자극물 중 호기심과 흥미를 유발하는 것에 선택적으로 주의를 기울이게 되기 때문이다.

[92] John G. Wirtz, Johnny V. Sparks & Thais M. Zimbres, The effect of exposure to sexual appeals in advertisements on memory, attitude, and purchase intention: A meta-analytic review. International Journal of Advertising: The Review of Marketing Communications, 37(2), 168-198, 2018.

[93] 네이키드뉴스(Naked News)는 1999년 캐나다 토론토에서 시작된 성인 뉴스방송으로 여성진행자들이 나체로 뉴스를 진행하는 것으로 유명하다. 여러나라에 지사가 있다. http://nakednews.com.

[94] Margaret M. Bradley, Maurizio Codispoti, Bruce N. Cuthbert, and Peter J. Lang, Emotion and Motivation I: Defensive and Appetitive Reactions in Picture Processing, Emotion Vol. 1, No. 3, 276-298, 2001.

과거의 선정성과 관련된 다수의 연구들을 살펴보면, 성적인 요소나 모델의 신체이미지를 강조한 광고는 소비자의 주의를 끌었기 때문에 기억에 효과적이라는 연구결과가 있었고[95] 선정적인 광고가 비선정적인 광고에 비해 소비자의 관여도와 흥미를 증가시키는데 긍정적인 역할을 한다는 결과도 있었다.[96] 심지어 성적 자극에 대한 시각적 주의를 조사한 연구에 따르면 여성도 남성과 마찬가지로 선정적 자극에서 여성의 신체에 동일하게 주의를 기울인다는 보고가 있다.[97]

그러나 성적 이미지의 강도가 증가함에 따라 피험자들의 각성수준이 증가하고 적당한 수준의 각성상태는 소비자의 환기상태와 주의능력을 자극하여 설득 촉진효과를 발생시킬 수 있지만 지나치게 높은 각성수준은 오히려 긴장감과 불안을 유발하여 소비자의 정보처리를 방해할 수도 있다고 알려져 있다. 즉 지나치게 선정적인 자극은 오히려 결국 전반적인 정보 처리 능력의 양과 동기를 감소시키게 된다는 것이다. 지나치게 선정적인 메시지는 오히려 기억을 방해한다는 방해가설(distraction hypothesis) 혹은 성적 소구 메시지는 모델에 대한 주의와 관심, 기억, 회상률은 높이지만 부정적인 태도를 형성한다는 이론은 심리학 분야에서 실증적으로 검증된 바 있다.[98]

[95] Michael A. Belch, Barbro E. Holgerson, George E. Belch, and Jerry Koppman, Psychophysiological and Cognitive Responses to Sex in Advertising, in NA-Advances in Consumer Research Volume 09, eds. Andrew Mitchell, Ann Abor, MI : Association for Consumer Research, Pages: 424-427, 1982.

[96] Ben B. Judd and M. Wayne Alexander, On the Reduced Effectiveness of Some Sexually Suggestive Ads, Journal of the Academy of Marketing Science, Vol. 11, No. 2, 156-168, 1983.

[97] Amy D. Lykins, Marta Meana and Gregory P. Strauss, Sex Differences in Visual Attention to Erotic and Non-Erotic Stimuli, Archives of Sexual Behavior, 37:219-228, 2008.

[98] Nader T. Tavassoli, Clifford Shultz, and Gavan J. Fitzsimons, Program Involvement: Are Moderate Lev

시선추적 장치를 사용해 최근 광고를 보는 데 소요된 전체 시간을 분석한 결과 오히려 참가자들이 성적 매력이 있는 광고를 보는 데 더 많은 시간을 할애하지 않는 것으로 나타난 결과도 있다.[99] 즉 광고에서 시각적인 성적 매력을 사용하는 것은 모델에게는 더 많은 관심을 끌지만, 광고에는 더 많은 시간을 할애하지 않으며 성적 내용이 오히려 메시지에 대한 주의를 산만하게 하여 광고 내 타 요소들에 대한 시각적 주의를 떨어뜨릴 수 있는 것이다. 그러니 기상 뉴스도 당연히 기상캐스터의 성적 매력이 높을수록 캐스터에 대한 관심은 증가하며 시선도 캐스터에게 쏠리지만 날씨 뉴스를 보고 읽는 데 소요되는 시간을 줄일 수밖에 없는 것이다.

---

els Best for Ad Memory and Attitude toward the Ad?, Journal of Advertising Research 35. 5: 61-72, 1995.

[99] R. Glenn Cumminsa, Zijian Harrison Gonga and Tom Reichertb, The impact of visual sexual appeals on attention allocation within advertisements: an eye-tracking study, International Journal of Advertising, 40(5), 708-732, 2021.

3장.

보수의 눈, 진보의 눈

보수와 진보는 뇌가 다르다
그렇다면 진보와 보수의 시선도 다른가

눈은
알고
있다

"The face is a picture of the mind
as the eyes are its interpreter"
얼굴은 마음의 사진이며 눈은 마음의 통역자

로마 철학자 키케로(Cicero)

1
보수와 진보는 뇌가 다르다

　모든 사람은 성인이 되면 대략 1200~1400그램 정도의 무게를 지닌 뇌를 갖게 되며, 신생아의 뇌 중량은 보통 370~400그램 정도 된다. 이렇게 생물학적으로는 모두 유사한 뇌를 갖고 있는 인간이 그 성향에 따라 뇌구조가 다를까? 엄밀하게 말하면 뇌의 물리적 구조는 똑같은데 작동하는 기제(mechanism)가 다르다고 표현할 수 있다. 뇌는 뉴런(neuron)이라고 하는 신경세포로 이뤄져 있고 태어나서 다양한 자극을 경험하기 시작하면서 뉴런 간의 연결인 시냅스(synapse)가 만들어지는데, 사용이 많은 시냅스는 점점 굵고 강하게 연결되고 사용을 하지 않는 시냅스는 사라지게 된다. 보수와 진보의 뇌가 다르다는 말은 결국 다른 자극과 마찬가지로 정치나 사회적으로 특정 입장을 접하게 되면서 갖게 되는 일종의 사회적 뇌가 다르게 발달했다고 볼 수 있다.

전 세계적으로 보수와 진보, 우파와 좌파라는 대립 개념은 오랜 역사를 갖고 있으며 현재 정치권의 갈등뿐만 아니라 세대, 빈부, 지역, 종교 간의 갈등 등 다양한 사회문제를 양산해 왔다. 특히 한국에서는 근대는 물론 고대 사회 이래 보수와 진보의 대립이 없었던 시대가 없었다 할 정도로 그 뿌리가 깊으며 고려, 조선시대 이후에는 강경파(노론)와 온건파(소론), 세자의 폐위에 대한 동정파(시파/남인)와 무고파(벽파/서인)등으로 나눠질 정도로 붕당정치의 폐해가 극에 달한 경험을 갖고 있다. 현재 한국의 정치 지형도와 행태를 보고 있으면 고려와 조선시대의 이러한 붕당정치가 현재까지도 이어지고 있나 싶을 정도이다.

이러한 양극화는 특정 국가의 문제가 아니라 전 세계적으로 정치적 혹은 사회적 양극화가 심해지고 있으며 이에 따라 양극화가 민주주의의 위협 요소로 대두되고 있다.[100] 양극화는 사회 내의 다양성이 점점 더 단일 차원을 따라 정렬되어 사람들이 "우리" 대 "그들"의 관점에서 정치와 사회를 인식하고 묘사하는 과정이라고 정의된다. 이러한 정렬에 의해 생성된 사회-심리학적 집단 간 갈등 역학은 민주주의를 위협하는 요소로 볼 수도 있지만 한편에서는 그것이 민주주의를 위한 기회도 제공한다는 관점도 있다.[101]

---

[100] Murat Somer and Jennifer McCoy, Déjà vu? Polarization and endangered democracies in the 21st century. American Behavioral Scientist 62, 3-15, 2018.

[101] Jennifer McCoy, Tahmina Rahman, and Murat Somer, Polarization and the global crisis of democracy: Common patterns, dynamics, and pernicious consequences for democratic polities. American Behavioral Scientist 62, 16-42, 2018.

정치학자들은 이러한 보수/진보 정치 성향과 정당의 기원을 영국 정당의 시초인 휘그(Whig, 진보)당과 토리(Tory, 보수)당에서 찾으며 미국도 예외 없이 1798년 3대 대통령인 토마스 제퍼슨이 보수강경파인 매파와 온건파인 비둘기파라는 용어를 사용한 이래 수백 년간 보수와 진보의 대립이 이어지고 있다. 심지어 보수와 진보의 심리적, 인지적 요소가 다르다는 연구 결과들을 모아 〈공화당의 뇌 Republican Brain〉[102]라는 베스트셀러가 출판되기도 했다.

보수나 진보에 대한 담론은 마치 북한도 자신들의 사회를 민주주의라고 부르는 것처럼 다분히 철학적, 정치적 개념이며 사회적으로 합의되기 쉽지 않다. 특히 보수나 진보를 포함한 사람의 마음이라는 주제는 20세기 중반까지 주로 심리학에서 다루었으며, 그 분석 대상이 너무도 복잡하고 미묘해서 과학이라는 엄밀한 학문이 다룰 만한 것이 아니라고 간주되어 왔다. 그러나 20세기 중반 이후 컴퓨터과학, 사이버네틱스, 정보이론, 뇌과학, 진화생물학이 새로운 이슈들을 제기하면서 마음이라는 주제는 과학적 연구 주제의 영역으로 들어왔다.[103]

전 세계적으로 보수와 진보 우파와 좌파의 대립은 시간을 거듭할수록 통합되거나 치유되는 것이 아니라 정치, 사회, 문화적으로 확산되고 있다.

---

[102] 국내에는 〈똑똑한 바보들- 틀린데 옳다고 믿는 보수주의자의 심리학〉이라는 번역서로 출판되었다. 원제는 〈The Republican Brain〉이다. Chris Mooney 저, 이지연 번역, 동녘사이언스, 2012.

[103] 스티븐 핑커 저, 김한영 번역, 마음은 어떻게 작동하는가-과학이 발견한 인간 마음의 작동 원리와 진화심리학의 관점, 동녘사이언스, 2007.

국가마다 양상은 다르지만 정치권의 갈등뿐만 아니라 세대 간의 갈등, 빈부 간의 갈등, 지역 간의 갈등 등 다양한 사회문제를 양산하고 있는 실정이다. 우리나라의 경우도 정권 교체가 거듭될수록 이러한 갈등은 봉합되기보다는 지역 간(영호남등), 세대 간 갈등이 심해지고 있으며 향후 이러한 양극화를 극복하고 사회 내의 소통을 촉진시키는 것이 국가와 사회문화적으로 절체절명의 과제로 대두되고 있다.

이러한 양극화의 부작용 혹은 반대급부로 중도 층이나 제3의 길과 같은 새로운 정치문화성향이 대두되기도 하는 바, 한국의 경우 남북의 대립과 같은 복잡한 갈등 양상이 병존하고 있어 이러한 보수와 진보라는 대립되는 개념에 대한 과학적 실체를 밝히고 이의 화해를 추구하는 것이 필요하다.

왜 같은 정보나 사실(fact)에 대해 보수나 진보 성향에 따라 다른 반응을 보일까? 심리학자들이 제시하는 가능성은 자신이 기존에 갖고 있던 태도나 동기부여가 인지적 편향을 갖고 온다는 것이다. 사람들은 자신의 신념을 뒷받침하는 정보에 더 많이 관심을 기울이게 되는데 기존의 정치적 성향은 새로 제시되는 정치적 정보를 그들의 이전 신념을 확인하는 방식으로 해석하는 경향이 있다는 것이다.

미국에서 정치적으로 입장이 나뉘는 이슈인 이민 정책과 관련된 다양한 영상자극(뉴스클립, 광고, 대중연설등)을 시청하는 동안 이민자에 대한 보수 또는 진보적 성향의 태도를 가진 피험자를 대상으로 뇌 활동을 측정한 결과 위험 및 도덕적 감정 언어가 포함된 영상물에서 보수와 진보는 차이를 보였다.[104] '신경 양극화(neural polarization)'로 명명된 이러한 현상은 주로 이야기의 해석과 관련된 뇌 영역인 배내측 전전두엽피질(DMPFC, dorsomedial prefrontal cortex)에서 차이가 관찰되었다. 2013년의 한 연구는 보수적인 뇌가 진보주의자들보다 위험을 감수할 때 오른쪽 편도체에서 더 많은 활동성을 보이는 경향이 있다는 것을 보여주었다.[105]

요약하면 보수나 진보 같은 집단 간의 신경 양극화는 서술적 내용의 해석과 관련된 뇌 영역에서 발생하고 위험, 감정, 도덕과 관련된 언어에 반응하여 심화된다고 할 수 있다.

즉 보수주의자와 진보주의자들은 서로 다른 도덕적 틀을 갖고 있고 이러한 각자의 "도덕적 렌즈"를 통해 세상을 보는 것이다. 따라서 보수주의자들과 진보주의자들은 무엇이 위협이고 무엇이 도덕적으로 칭찬받을 만하거나 비난받을 만한지에 대해 서로 다른 해석을 할 수밖에 없다.

이러한 뇌의 편향된 처리가 정치적 정보에 대한 다른 해석을 낳고 그에 따른 태도 양극화를 가져온다는 것이다. 이에 비추어보면 한국의 다양한 양극화 현상도 결국 위험이나 도덕, 감정과 관련된 언어가 주요 원인이라고 유추해볼 수 있다. 그러니 우리 사회에 만연한 양극화를 극복하려면 정치인들은 상대방을 공격할 때 어떤 부분을 건드려야 하고 또 어떤 부분은 톤

---

[104] Yuan Chang Leong, Janice Chen, Robb Willer, and Jamil Zaki, Conservative and liberal attitudes drive polarized neural responses to political content, PNAS, Vol.117, No.44, 27731-27739, 2020. Oct.

[105] Darren Schreiber, Greg Fonzo, Alan N. Simmons, Christopher T Dawes, Taru Flagan, James H Fowler, and Martin P Paulus, Red Brain, Blue Brain: Evaluative Processes Differ in Democrats and Republicans. PLoS ONE 8(2): e52970, 2013.

다운(tone down)해야 하는지 알 수 있을 것이다.

또 다른 한 연구에 따르면 진보주의자들과 보수주의자들의 두뇌는 혐오스러운 사진에 대해 매우 다른 방식으로 반응했다. 실제로 연구진들은 피실험자들의 신경 반응만 봐도 진보적인지 보수적인지 95% 이상의 정확도로 예측할 수 있었다.[106] 이 실험은 진보주의자와 보수주의자 사이에 다른 뇌 활동 패턴을 실증적으로 보여주는 fMRI 연구라고 할 수 있다. 이 결과는 보수나 진보 같은 신경 양극화 현상은 인지와 감정이 깊이 얽혀 있으며, 인지와 감정을 분리하는 관점은 쓸모가 없음을 시사하고 있다. 사람들은 자신들의 정치적 견해가 순전히 인지적이라고 생각하는 경향이 있다. 그러나 이러한 실험결과를 보면 정치적 성향의 경우 인지만이 아닌 인지와 감정적 과정이 복잡하게 결합되어 있음을 알려준다. 따라서 양극화 현상의 극복은 특히 감정적 양극화의 해소가 훨씬 큰 역할을 할 수 있음을 추측해볼 수 있다.

한국 사회에서 보수와 진보의 대립은 건국 이래 지금까지 정치, 세대, 빈부, 지역 간의 갈등 등 다양한 사회문제의 뿌리가 되어 왔으며 들어서는 정부마다 이러한 양극화의 극복과 소통을 국정의 목표와 방향으로 제시하고 있는 상태이다. 따라서 이러한 보수와 진보에 대한 과학적 실체의 규명과 이의 통합과 소통을 위한 정치공학 기술 제시는 사회문제 해결 기술의

---

[106] Woo-Young Ahn, Kenneth T. Kishida, Xiaosi Gu, Terry Lohrenz, Ann Harvey, John R. Alford, Kevin B. Smith, Gideon Yaffe, John R. Hibbing, Peter Dayan, and P. Read Montague, Nonpolitical images evoke neural predictors of political ideology, Current Biology, 17:24(22):2693-9, 2014 Nov.

일종이라고도 할 수 있다. 보수와 진보의 인지과정에 대한 현대 신경과학 연구 결과를 통해 인간의 마음을 설명하는 사회신경과학 혹은 신경정치학이라는 학문 분야도 대두되고 있다.

2

그렇다면 진보와 보수의 시선도 다른가

보수주의자들과 진보주의자들의 뇌가 다르다는 연구결과처럼 이 두 집단이 세상을 같은 방식으로 보리라고 기대하는 것은 무리이다. 당연히 보수와 진보는 세상을 다르게 본다.

성공적인 인간 상호작용을 위한 가장 중요한 기술 중 하나는 다른 사람의 눈의 움직임이나 시선의 방향을 따르는 능력이다. Joint Visual Attention이라고 불리는 이러한 행동은 인간의 경우 3개월 정도 된 유아에게서도 관찰된다.[107] 엄마와 눈을 마주치면서 본인이 필요한 것을 충족시키는 이러한 행동은 생존을 위한 본능적 행위라고 할 수 있으며 이는 사람이 사회적 상

---

[107] Michael Scaife, & Jerome Seymour Bruner, The capacity for joint visual attention in the infant. Nature, 253(5489), 265-266, 1975.

호작용을 학습하는 데 중요한 첫 단계로 여겨진다.[108] 한 연구는 다른 사람의 눈짓 신호와 같은 눈의 움직임과 일치하는 방향으로 주의를 돌리는 데 대한 진보주의자들과 보수주의자들의 반응을 시선추적 장치로 측정했다. 이에 따르면 진보주의자들은 컴퓨터 화면의 얼굴이 그들에게 제안하는 방향으로 강력하게 반응했지만 보수주의자들은 그렇지 않았다.[109]

보수주의자들과 진보주의자들은 그들의 환경에 다르게 주의를 기울이며, 이것은 정치적 스펙트럼의 양쪽이 말 그대로 눈을 마주치지 않는다는 것을 의미한다. 2000년대 이후 20여년 동안 점점 더 많은 연구자들이 정치적인 보수와 진보주의자 사이의 차이에 대해 다양한 방면에서 연구를 축적해왔다. 정보에 대한 주의, 학습 및 반응에서의 차이 등이 그것이다. 이들 연구 결과에 따르면 일반적으로 정치적으로 더 보수적인 신념을 지지하는 사람들은 진보적인 신념을 지지하는 사람들보다 더 큰 부정성 편향을 보이는 경향이 있다고 알려져 있다.[110][111] 특히 보수주의자들은 진보주의자들에 비해 부정적인 자극에 더 많은 관심을 기울이는 것으로 조사됐다.[112] 또한 다

---

[108] Chris Moore & Philip Dunham (Eds.). Joint attention: Its origins and role in development. Hillsdale, NJ: Lawrence Erlbaum Associates Inc., 1995.

[109] Michael Dodd, John Hibbing & Kevin Smith, The politics of attention: gaze-cuing effects are moderated by political temperament. Attention, Perception & Psychophysics 73, 24-29, 2011.

[110] Eddie Harmon-Jones, Anger and the behavioral approach system, Personality and Individual Differences. Volume 35, Issue 5, Pages 995-1005, October 2003.

[111] K. Mogg et al. Time course of attentional bias for threat information in non-clinical anxiety, Behaviour Research and Therapy Volume 35, Issue 4, Pages 297-303, April 1997.

[112] Sheila R. Woody & David F. Tolin, The relationship between disgust sensitivity and avoidant behavior: Studies of clinical and nonclinical samples, Journal of Anxiety Disorders Volume 16, Issue 5, Pages 543-559, 2002.

른 연구는 정치적으로 보수적인 믿음을 더 강하게 지지하는 사람들이 긍정적인 정보보다 부정적인 정보에 더 민감하다는 것을 발견했다.[113]

이러한 서구의 연구결과가 한국의 정치 상황과 수용자들을 대상으로 했을 때는 다른 결과가 나올 수도 있다. 왜냐하면 보수와 진보의 개념은 나라마다 혹은 문화권마다 다른 양상을 보이기 때문이다. 일반적으로 자유주의자, 즉 진보는 경험에 더 개방적이고, 변화와 새로움을 추구하는 성향이 있으며[114] 보수는 익숙하고 안정적이고 예상 가능한 것들을 더 선호한다.[115] 또한 보수는 시스템 불안정성, 모호함에 대한 낮은 인내력, 질서에 대한 욕구, 위협에 대한 두려움 등과 같은 불확실성과 위험을 줄이려는 욕구와 관련되어 있으며[116] 진보와 보수는 시대적 조건이나 역사적 특수성과 무관하게 인간 내면에 내재하는 특정의 기질적 성향과 관련되는 측면이 있다고 받아들여지고 있다.

미국의 유명한 역사학자인 로시터(Rossiter)는 "생활과 노동의 관습적 패턴에 있어서 그 어떤 자리를 바꾸는 변화(dislocating change)에 저항하는 '자연적'이고도 문화 의존적인 성향"을 "기질적(temperamental) 보수주의" 라고 지

---

[113] Benjamin Oosterhoff, Natalie J. Shook, and Cameron Ford, Is that disgust I see? Political ideology and biased visual attention. Behavioural Brain Research Volume 336, Pages 227-235, 15 January 2018.
[114] Robert McCrae, Social consequences of experiential openness. Psychological Bulletin. 120(3):323-37, 1996 Nov.
[115] John T. Jost, Brian A. Nosek, and Samuel D. Gosling. Ideology: Its resurgence in social, personality, and political psychology. Perspectives on Psychological Science, 3(2), 126-136, 2008.
[116] John Jost, Jack Glaser, Arie W Kruglanski, and Frank J Sulloway, Political conservatism as motivated social cognition. Psychological Bulletin. 129(3):339-75, 2003 May.

칭하며 이에 반해 사회, 경제, 법, 종교, 정치 또는 문화상의 각 질서에 있어서 파멸적 변화(disruptive change))에 반대하는 태도"로 정의되는 "상황적(situational) 보수주의"를 구분하기도 한다. 또한 진보는 보다 근본적이고 혁신적 방식으로 사회의 발전을 추구해 나가는 입장인 반면, 보수는 급진적 혁명이나 변혁의 방식 대신 점진적인 개혁을 통해 사회를 서서히 변화시켜 나가는 입장으로 규정된다.[117]

이처럼 다양한 보수와 진보 성향과 기질을 규명하는 작업은 인간의 내적 감정 혹은 그 감정의 발현으로서 인간의 외적 행동을 연구해 온 방법들인 서베이, 관찰, 면접 등에 의해 이뤄져왔다. 그러나 인간은 자신의 생각이나 정치적 성향을 언제나 인식하고 있는 것은 아니며 무의식적인 과정을 통해 자신의 기억이나 사건, 경험에 대한 해석이 변하는 경우가 많고, 또 의도적으로 숨기거나 왜곡하고자 하는 경우도 있다. 따라서 이러한 방법론에 대한 보완으로 인간의 시선이나 뇌반응과 같은 생리적 반응 데이터와 인간의 주관적인 심리간의 상관관계를 해석하려는 시도들이 생겨나게 되었다.

인간의 정보 처리과정을 이해할 수 있는 단서를 제공하는 징후로는 피부저항, 심장 박동수, 혈압, 체온, 땀, 동공확장 등 자율신경계(自律神經系)의 생리반응과, 인간의 의지에 따라서 자유로이 운동하는 수의운동(隨意運動) 정보인 뇌척수신경계의 반응으로 대별할 수 있다. 그러나 한편에서는

---

[117] Clinton Rossiter, Conservatism in America, Harvard University Press, 1982.

공포를 느끼면 혈압이 상승해 심장박동수가 올라간다던지 하는 생체 정보는 의식과 관계없는 자율신경반응으로 인간의 감정 상태를 이해하는 단서가 될 수 있으나 문제는 그러한 자율신경반응 징후들을 측정했다고 해서 그 데이터가 전적으로 인간의 감정이나 사고를 설명해줄 수 없다는 점을 지적한다.

특히 보수나 진보, 긍정이나 부정과 같은 메시지 자극에 대한 노출의 결과로서 동공 확대나 피부전하 변동과 같은 흥분(arousal)을 측정할 수 있지만 그 결과를 주의의 투여가 증대되었다거나 긍정 혹은 부정으로 유추하는 것은 상당히 위험스러운 일이며[118] 주의(注意, attention)나 주목(注目)은 사전 지식과 같은 개인적 요인이나 자극의 구조와 내용에 따라 달라질 수 있어 단순한 자극에 대한 생리적 반응 측정만으로 인간의 내적 감정과 사고를 온전히 설명할 수는 없다.

따라서 이 같은 다양한 생리적 반응과 인간의 내적 사고나 심리과정의 관련성을 설명하기 위해서는 개인의 의지나 의도로 통제하기 힘든 자동적이고 비자발적인 자율신경계 반응과 수의운동인 뇌신경계 반응을 동시에 통합적으로 고려한 분석이 필요하다.

특히 인간은 외부 사물에 대한 감각 정보 중 70% 이상을 눈을 통하여 받아들이므로 시각적 자료가 다른 양식의 자극들보다 강한 주의를 유발하

---

[118] 김태용, 박재영, 발성사고법(Think Aloud)을 이용한 인쇄신문 독자의 기사선택 과정 연구, 한국언론학보 vol.49, no.4, pp. 87-109, 2005.

는데[119] 시선 추적방법은 사용자가 화면의 어떤 부분을 주시하고 있는가를 과학적으로 측정할 수 있는 비교적 최근의 방법이라 할 수 있다.

디지털 기술의 발전에 따라 2000년대 이후 다양한 생체 정보를 측정하고 분석하는 의공학 장비들이 나타나거나 성능이 개선되기 시작했으며 특히 시지각을 측정하고 분석하는 시선추적 장치(Eye-tracking)의 등장은 인간의 시지각 과정을 연구하는 방법론적 혁신을 가져왔다. 시선 추적 장치를 활용한 시지각 처리의 대표적인 연구 사례는 미국 포인터 재단의 신문읽기 실험이다. 이 프로젝트는 미국의 스탠포드대학과 포인터 재단이 공동으로 추진하는 것으로 1998년 12월부터 시작되어 지난 수십 년간 실시해온 종이신문의 가독성 연구에 이어 2002년부터 인터넷 신문의 가독성 연구를 시선추적 장치를 이용해 실시해오고 있다. 국내에서는 광고나 신문 열독, 그리고 디자인과 관련한 연구들이 이뤄지고 있다.

이러한 시선 추적장치와 같은 과학적 장치를 사용해 측정해보니 보수주의자와 진보주의자는 영상물을 바라볼 때 다른 방식으로 본다는 결과도 발표된 바 있다. 이 연구결과는 스스로를 보수주의자로 생각하는 사람들은 좋아하는 사람을 바라볼 때나 싫어하는 사람을 바라볼 때 거의 비슷한 패턴으로 바라보지만, 스스로를 진보주의자로 생각하는 사람들은 좋아하는 사람을 바라볼 때와 싫어하는 사람을 바라볼 때 차이가 있는 것으로 나타났다.

예를 들어 과거 대선 때 여당 후보였던 박근혜 대통령과 야당 후보였던

---

[119] John Anderson, Cognitive psychology and its implications (7th ed.). Worth Publishers, 2009.

문재인 대통령을 바라볼 때 보수주의자나 진보주의자 모두 자신이 선호하는 후보를 바라볼 때는 비슷한 방식으로 바라보는 것으로 나타냈다.(사람의 시선이 얼마나 오래 머물렀는지를 나타내는 히트맵은 진한 빨간 색일수록 오래 바라보고, 연한 녹색일수록 짧게 바라본 것을 의미한다.) 즉 진보, 보수 모두 자신이 좋아하는 후보를 바라볼 때는 눈을 집중적으로 바라보고 이어서 코, 입 등으로 시선을 옮겨 가는 것을 알 수 있다.[120]

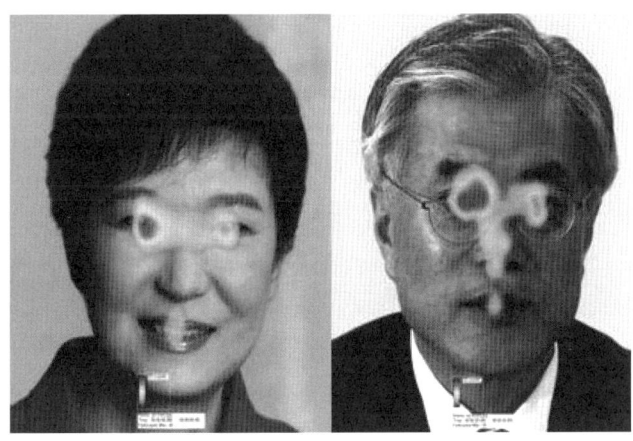

그림 2 자기가 선호하는 후보를 바라볼 때이 히트맵

그러나 자신이 싫어하는 후보를 바라볼 때는 보수주의자와 진보주의자 사이에 차이가 있는 것으로 나타났다. 보수주의자들은 싫어하는 후보(문재

---

[120] Mahnwoo Kwon, Eye Perception Difference Between the Conservative and the Liberal : Verification of Personal Tendency using Eye-tracking Machine, Journal of Korea Multimedia Society Vol. 24, No. 8, pp. 1171-1177, August 2021.

인)를 바라볼 때도 자신이 선호하는 후보(박근혜)를 바라볼 때와 유사하게 바라보지만, 진보주의자들은 자신이 싫어하는 후보(박근혜)를 바라볼 때 선호하는 후보를 바라볼 때와 달리 눈을 주로 주시하는 것이 아니라 미간이나 정수리와 같은 부위를 바라봄에 있어서 차이를 보였다.

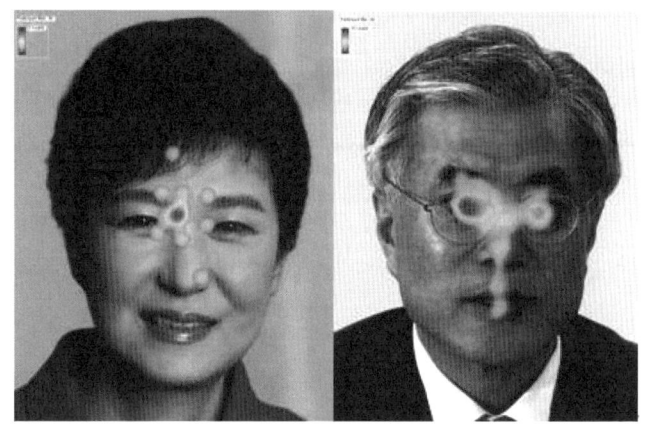

그림 3 자신이 싫어하는 후보를 바라볼 때

 이 같은 결과는 미디어 이론 중 하나인 적대적 매체지각(hostile media perception)처럼 자신이 반감을 가진 매체의 기사는 무조건 잘못됐다고 생각하는 경향과 유사한 것으로 해석된다. 이 연구에서 보수와 진보 두 집단에 대한 구분은 1)주한미군 철수에 대한 찬반 2)국가보안법 철폐에 대한 찬반 3)한미 FTA에 대한 철폐지지 여부 4)NLL의 인정 여부 5)동성애에 대한 선호 여부 6)낙태지지 여부 7)혼전 성경험 8)국제 결혼 9)취업을 위한 성형 10)남한과 북한의 연정등에 대한 지지 여부를 물어서 구분했으며 총 57명의 피험자들을 대상으로 이뤄졌다.

   이러한 시선추적 실험결과 제시된 양극화의 시지각 차이나, 뇌 실험결과 나타난 증거들은 사회적, 국가적으로 큰 문제가 되는 다양한 갈등에 대한 과학적 이해 도구를 제공하여 정치나 선거과정에서의 갈등 조장 대비 및 방지에 도움이 될 것이다. 어떤 사회나 문화든 의견의 다양성과 충돌이 있게 마련이며 그 양극에 있는 두 집단 구성원들은 본인이 선호하거나 싫어하는 정치적 대상에 대해 서로 다른 정보 처리과정과 반응, 대상을 바라보는 방식이 다름을 인정해야만 할 것이다. 이러한 다름을 인정하고 시선추적 장치와 같은 과학적 연구를 통해 사회적, 국가적으로 큰 문제가 되는 다양한 갈등에 대한 과학적 이해 도구를 제공하여 정치나 선거과정에서의 갈등 뿐만 아니라 사회적으로 발생하는 다양한 충돌이나 다른 문화권과의 갈등 시 대화나 메시지 제시 기법 등의 가이드라인이 주어지길 기대해 본다.

4장

눈길을 피하다

동양인의 찢어진 눈과 편견
시선의 교환과 사회적 상호작용
시선을 피할 것인가 마주할 것인가

눈은
알고
있다

"The soul can speak through the eyes,
and kiss with a look"
영혼은 눈을 통해 말하며 시선을 통해 키스를 하는 것과 같다

Gustavo Adolfo Becquer

1
동양인의 찢어진 눈과 편견

흔히 유럽이나 서양인들은 동양인의 눈을 비하하여 찢어진 눈 시늉을 하는 경우가 많다. 2017년 국제축구연맹(FIFA) 월드컵 8강전에서 우루과이 대표팀 선수가 골을 넣은 뒤 두 손으로 '눈 찢기' 세리머니를 해서 논란이 된 적이 있다. 이는 '인종차별적 제스처'로 비난받으며 국내외 여론의 뭇매를 맞았다. 또한 아일랜드 더블린의 스타벅스 매장에서 태국계 이민자가 말차 라떼를 주문했다가 찢어진 눈이 그려진 컵을 받아서 인종차별 논란에 휩싸인 사례는 유명하다.

그림 4 스타벅스 매장에서 동양인의 찢어진 눈을 그려 고객에게 준 인종차별 사진

유럽축구연맹(UEFA) 챔피언스 리그가 운영하는 공식 인스타그램에 손흥민 선수를 눈이 찢어진 이모티콘을 사용해 표현한 사례도 당시 전 세계에 대대적으로 보도되면서 인종차별 행위가 논란이 된 적이 있다.

눈이 작고 찢어지게 생겼다고 해서 사물도 그렇게 작고 편향되게 바라보는 것이 아닌데 일반적으로 눈이 큰 얼굴은 더 매력적으로 인식되며[121] 동양인의 작은 눈을 비하하는 '슬랜트 아이'(slant eye)'[122]라 불리는 이 행동은 눈이 작은 아시아인을 비하하는 의미로 알려져 있다.

편견(偏見)이란 단어는 공정하지 못하고 한쪽으로 치우치게 본다는 뜻이

---

[121] Kurt Hugenberg and John Paul Wilson, Faces are central to social cognition, D. Carlstone (Ed.), The Oxford Handbook of Social Cognition, Oxford Handbooks Online, Oxford, 2013.
[122] slant 비스듬함, 기울어지다

다. 눈동자는 두 개인데 도대체 한쪽으로 치우치게 본다는 것은 어떻게 본다는 것일까? 눈이 그저 세상의 사물을 빛과 색으로 인식하는 조리개일 뿐이라면 도대체 긍정적 시각과 부정적 시각의 차이는 눈동자의 홍채나 동공의 크기도 달라진다는 말인가? "사물을 긍정적 시각으로 바라보라"라는 말도 모순일 수밖에 없다.

결국 이 질문에 대한 답은 사람이 사물이나 사람을 부정적인 생각을 갖고 바라볼 때와 긍정적인 마음을 갖고 바라볼 때 눈동자의 움직임과 특성이 달라진다고 해석할 수 있다. 그렇다면 과연 사람 간, 혹은 인종 간에 이러한 얼굴이나 눈의 외형적 형태 외에도 시지각이나 바라보는 데 있어서 차이를 가질 것인가? 편견을 갖고 바라보면 사물이 다르게 보이는 것일까?

연구에 따르면 편견을 가진 사람들은 다른 인종의 얼굴을 더디게 인식한다고 한다. 흔히 시지각 과정이 모든 사람들에게 동일한 방식으로 작용한다고 가정하지만 실험에 따르면 우리가 사물을 보는 방식은 우리의 기대나 기존에 갖고 있는 의견에 의해 영향을 받을 수도 있다는 것을 시사한다. 즉 '흑인'이나 '백인' 이미지를 '좋은'과 '나쁜'과 같은 특성과 짝짓는 암묵적 연상 테스트를 사용하여 참가자들의 인종적 편견을 측정했더니 가장 큰 편향을 보인 참가자들이 얼굴을 인식하는데 가장 오랜 시간이 걸렸다.[123]

또한 시선추적 장치를 활용한 인종간 얼굴 밝기 착시 실험에서 응답자들은 이미지의 평균 휘도, 대비 및 이미지의 픽셀 수가 동일함에도 불구하

---

[123] Mo Costandi, Racial bias colours visual perception, Nature, Published: 05 July 2012.

고 인종에 관계없이 아프리카인들의 얼굴이 유럽인들의 얼굴보다 피부 톤이 어두운 것으로 인식했으며 응시 시간이 상대적으로 짧았으며 동공의 지름도 작았다.[124]

즉 아래 그림처럼 두 인종의 얼굴은 밝기나 대비 등이 동일함에도 오직 아프리카 흑인이라는 이유로 사람들은 백인을 더 오래 보며 동공의 지름도 커지고 더 잘 인식한다는 것이다.

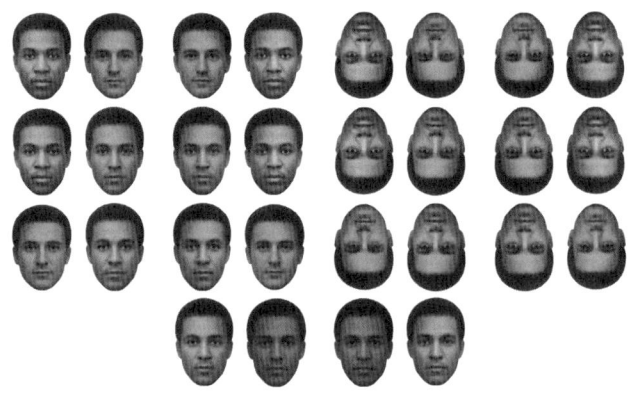

그림 5 출처 : Laeng et.al.(2018)

얼굴은 다양한 방식으로 분류될 수 있는데, 예를 들어 남성과 여성 또는 인종 등으로 분류할 수 있다. 동양인과 백인의 얼굴 차이는 얼굴 특징(눈, 입 또는 코), 얼굴 윤곽(그것들을 제외한 모든 것) 또는 질감(피부 정보)등을

[124] Bruno Laeng, Kenneth Gitiye Kiambarua, Thomas Hagen, Agata Bochynska, Jamie Lubell, Hikaru Suzuki, and Matia Okubo, The "face race lightness illusion": An effect of the eyes and pupils? PLoS ONE 13(8): e0201603, 2018.

들 수 있다. 이러한 특징들을 인위적으로 조합해 10가지 변형된 얼굴을 만들어 실험한 결과 눈과 피부 질감이 가장 중요한 구분 요인임을 보여주었다.[125] 이 실험은 또한 인종을 인식함에 있어 얼굴의 등고선이나 코, 입의 순서로 중요도를 보여주었다.

우리는 눈의 색깔이나 매부리코, 입 등 다양한 특징을 통해 얼굴을 식별하며 각각의 특징 정보뿐만 아니라 그러한 특징들이 공간적으로 서로 어떻게 관련되어 있는지 전체적으로 정보를 처리해 인식하기도 한다. 시선추적 실험 결과 서양인들은 주로 눈과 입에 시선을 분산시키는 반면, 동아시아인들은 얼굴의 중심(코) 부분에 시선을 더 고정시킨다는 결과가 보고되었다.[126]

세계의 인종을 크게 분류하면 아시아인, 유럽인, 아프리카인으로 나뉘며 흔히 황인종, 백인종, 흑인종으로 구분한다. 이러한 차이는 피부색에 근거해서 나눈 것이다. 그러나 인종 간의 차이는 피부색뿐만 아니라 얼굴의 형태로도 알 수 있다. 패션쇼나 광고에서 세 인종이 동시에 등장하면 누구라도 이 세 인종을 구분할 수 있다.

---

[125] Isabelle Bülthoff, Wonmo Jung, Regine G. M. Armann & Christian Wallraven, Predominance of eyes and surface information for face race categorization. Scientific Reports 11, 1927, 2021.

[126] Caroline Blais, Rachael E. Jack, Christoph Scheepers, Daniel Fiset, and Roberto Caldara, Culture shapes how we look at faces. PLoS ONE 3, e3022, 2008.

그림 6 패션기업 베네통의 광고(출처: 베네통 홈페이지)

한국의 유명 성형외과에서는 아름다운 성형미인의 척도로 서양인처럼 눈이 크고 쌍꺼풀이 두드러지는 것을 권하는데 보통 쌍꺼풀 수술은 눈가 양 미간 아랫부분의 얇은 꺼풀인 몽골주름을 제거하는 것을 말한다. 몽골주름은 아시아 인종 눈가 안쪽의 특징적인 주름으로 북미 인디언에서도 발견된다.

Y염색체를 이용한 유전자 분석방법을 사용하여 우리 민족을 북방계와 남방계로 분류한 연구에 따르면 70~80%는 북방계이고 20~30%는 남방계이며 나머지는 유럽인과 다른 그룹이 섞여 있다고 한다. 즉 인종과 민족은 다르다고 할 수 있는데 우리 민족은 다양한 인종적 특성을 갖고 있는 것이다. 예를 들어 미국에서는 옅은 색소를 가진 피부와 일부 아프리카 혈통을 가진 남자가 흑인으로 분류되는 반면, 브라질에서는 백인으로 남아프리카에서

는 그가 유색인종으로 분류될 수 있다. 인종/민족 집단의 개념은 생물학적인 것이 아니며 심지어 동일 민족이나 집단 내 변이는 '인종' 사이의 변이보다 훨씬 크다[127]고 알려져 있다. 민족이라는 개념은 학습된 행동과 관련이 있는데, 옥스퍼드 영어 사전은 민족을 '공통적인 민족적 또는 문화적 전통을 가진 인구 하위 집단'이라고 정의한다.[128] 인종이나 민족 집단을 구성하는 것이 무엇인지 정의하는 것은 어렵고 다양한 인종/민족 집단으로 개인을 분류하는 것은 시간이 지남에 따라 달라져 왔다.

최근의 상업 광고에서 특히 아시아계 모델은 '눈이 찢어지고 광대뼈가 튀어 나온' 모델을 종종 발견할 수 있는데 이는 광고기획사나 제작사들이 '눈이 가늘게 찢어지고(즉 쌍꺼풀이 없고) 광대뼈가 튀어나온 인물'을 전형적인 황인종의 특성으로 생각하기 때문이다. 그러나 주위를 둘러보면 아시아 여자들 중에도 눈이 크고 보조개도 있는 사람이 있다는 것을 알 수 있다. 즉 황인종의 얼굴이라도 민족에 따라 외형상 특징이 다르게 나타나며 우리는 육안으로 한국인과 중국인, 일본인, 베트남 사람을 구분할 수 있다.

신기한 것은 동양 사람들은 아시아 국가 간의 미미한 인종 차이를 알아채는데 서양 사람들은 이를 잘 알아채지 못하는 것이다. 이러한 현상을 '자기인종 편견(ORB, own-race bias)'이라고 지칭하는데 이는 다른 인종의 낯선 얼굴이 자기 인종의 얼굴보다 일반적으로 더 잘 기억되지 않는 현상이

---

[127] Rupert Bourne, Ethnicity and ocular imaging, Eye 25(3): 297-300, 2011 Mar.
[128] Oxford Learner's Dictionaries,
https://www.oxfordlearnersdictionaries.com

다.129) 이는 모든 문화 및 인종 그룹에 걸쳐 보편적으로 나타나는 현상이다. 최근까지의 연구들은 이러한 자기인종 편견이 동종 인종과 타 인종의 얼굴 정보를 처리할 때 다른 신경 메커니즘을 가진다고 보고하고 있다. 즉 타 인종보다 자신과 동일한 인종의 얼굴 정보를 매우 효율적으로 처리한다고 알려져 있다.

인간의 얼굴은 인종을 포함한 다양한 중요한 사회적 정보를 전달한다. 인간은 자라면서 얼굴 정보를 처리할 수 있는 숙련도가 증가함에도 불구하고 자기 인종의 얼굴을 다른 인종의 얼굴보다 더 잘 인식한다. 시선추적 실험 결과 참가자들은 자신의 인종을 볼 때 보다 타 인종의 얼굴을 보고 구별하는 동안 시선의 응시 횟수가 줄어들고 응시 시간은 길어졌으며 동공도 확장되었다.130)

백인과 동아시아인의 얼굴인식을 비교하여 자기인종 편견 효과를 검증한 한 연구에 따르면 이러한 편견 효과 외에도 두 집단이 얼굴을 스캔하는 부위도 다른 것으로 나타났다. 즉 백인들은 자국 인종과 다른 인종의 얼굴을 스캔할 때 눈과 입에 더 집중하는 반면, 동아시아인들은 자국 인종의 얼굴을 스캔할 때는 코와 같은 얼굴의 중앙 부위에 더 집중하지만 서양인의 얼굴을 스캔할 때는 눈 중심으로 보는 시선 전략을 사용한다.131) 얼굴 스캔의

---

129) Christian A. Meissner, and John C. Brigham. Thirty years of investigating the own-race bias in memory for faces: a meta-analytic review. Psychology, Public Policy and Law 7(1), 3-35, 2001.

130) Stephen D. Goldinger, Yi He, and Megan H. Papesh, Deficits in cross-race face learning: insights from eye movements and pupillometry. Journal of Experimental Psychology: Learning, Memory, and Cognition. 35(5):1105-22, 2009 Sep.

131) Kang Lee, Paul C. Quinn, and Olivier Pascalis, Face race processing and racial bias in early develop

이러한 차이는 대부분 문화적 차이에 기인한다고 본다. 예를 들어 한 연구는 아시아 사람들이 서양인보다 눈을 덜 마주친다고 보고했다.[132] 이러한 연구는 결국 눈을 오래도록 마주치는 것을 무례하다고 여기는 문화적 차이를 반영하는 것이라고 할 수 있다.

그러나 이러한 얼굴 스캐닝 과정에서 설명된 문화적 차이는 정지된 얼굴 사진을 보는 경우에만 해당된다고 할 수 있다. 연구에 따르면 얼굴 스캐닝은 얼굴의 역동성이나 맥락에 따라 달라진다고 한다. 예를 들어 실험 상황이 미소와 같은 실제 상황을 반영한 사회적 상호작용으로 구성되었을 때, 동아시아 피험자 시선의 약 4분의 3은 얼굴의 상반부에 머물렀지만, 서양 피험자들의 시선은 얼굴의 상반부와 하반부에 더 고르게 분포되었다.[133]

한편 이러한 자기인종 편견은 다른 인종과의 접촉 경험에 의해서 영향을 받는 것으로 조사되었다. 즉 평소 다른 인종과의 접촉이 많은 사람은 그렇지 않은 사람에 비해 타 인종의 얼굴을 잘 구별한다고 볼 수 있다.[134] 즉 한 개인이 다른 인종과 접촉하는 경험의 양이 그 인종의 얼굴에 대한 인식 정확도와 정적 상관관계가 있다는 접촉 경험 가설[135]이 널리 받아들여지고

---

ment: a perceptual-social linkage, Current Directions in Psychological Science, 26(3) pp. 256-262, 2017.

[132] Hironori Akechi, Atsushi Senju, Helen Uibo, Yukiko Kikuchi, Toshikazu Hasegawa, and Jari K. Hietanen, Attention to eye contact in the West and East: autonomic responses and evaluative ratings, PLoS One, 8, Article e59312, 2013.

[133] Jennifer X. Haensel, Matthew Danvers, Mitsuhiko Ishikawa, Shoji Itakura, Raffaele Tucciarelli, Tim J. Smith & Atsushi Senju, Culture modulates face scanning during dyadic social interactions, Scientific Reports, 10 p.1958, 2020.

[134] Pamela M. Walker & Miles Hewstone, A Perceptual Discrimination Investigation of the Own-Race Effect and Intergroup Experience, Applied Cognitive Psychology, 20(4), 461-475, 2006.

있다.

　생후 2~26개월에 유럽 가정에 입양된 6~14세의 동아시아 아동을 대상으로 한 연구는 이들 입양아들이 아시아인 얼굴보다 백인 얼굴을 더 잘 인식한다는 것을 발견했다.[136] 또한 비슷한 연구에서 한국에서 자라다가 4~9세 때 유럽 백인 가정에 입양된 입양아들도 한국인의 얼굴보다 백인의 얼굴을 더 정확하게 인식하는 것을 보여주고 있다.[137] 이러한 결과는 얼굴 인식과정이 환경과의 상호 작용에 의해 형성되므로 유아기의 경험에 의해 크게 달라질 수 있다는 가정을 뒷받침한다. 따라서 어릴 때부터 다양한 인종과 문화를 접하는 것이 편견을 방지하는데 도움이 될 수 있다고 볼 수 있다.

　그러나 자기인종 편견에 대한 대다수의 연구(약 88%)는 주로 백인과 흑인을 대상으로 했으며 소수의 연구만이 아시아계와 같은 인종을 대상으로 비교했다는 점에 주목할 필요가 있다. 이제 아시아 국가에서도 시선추적 실험을 통한 자기인종 편견을 다루는 연구가 증가하고 있다.[138] 그러나 이러한 발견들이 반드시 다른 인종 집단에 적용되는 것은 아닐 수도 있다. 왜냐

---

[135] Daniel B. Wright, Catherine E. Boyd, and Colin G. Tredoux, Inter-racial contact and the own-race bias for face recognition in South Africa and England. Applied Cognitive Psychology 17(3), 365-373. 2003.

[136] Adélaide de Heering, Claire de Liedekerke, Malorie Deboni, and Bruno Rossion, The role of experience during childhood in shaping the other-race effect. Developmental Science. 13(1), 181-187, 2010.

[137] Sandy Sangrigoli, Christophe Pallier, Anne-Marie Argenti, Valerie A. G. Ventureyra, and Scania de Schonen, Reversibility of the other-race effect in face recognition during childhood. Psychological Science. 16(6), 440-444. 2005.

[138] Esther Xiu Wen Wu,Bruno Laeng & Svein Magnussen, Through the eyes of the own-race bias: Eye-tracking and pupillometry during face recognition. Social Neuroscience Volume 7, Issue 2, pp202-216. 2012.

하면 다인종 국가 출신 개인들의 사회 환경은 단일 인종 사회 출신 개인들의 사회 환경에 비해 더 복잡하고 급격하게 다를 수 있기 때문이다.

다인종 혹은 다문화 사회 환경에서 자기인종 편견을 조사하는 연구는 드물며[139] 최근에 와서야 시도가 늘고 있는 추세인데[140] 이들 연구결과들은 일관성이 높지 않음을 보여주고 있다. 그러나 다인종이나 다문화 사회를 대상으로 한 몇 연구들 또한 일부 지각 경험 가설이 옳다는 것을 보여주고 있는데 평소 다른 인종의 얼굴을 자주 접할 수 있는 다문화 환경에서 자기인종 편견이 감소한다는 것이 입증되어 가고 있다고 볼 수 있다.

이같은 자기인종 편견은 광범위하게 연구되어 왔으며, 성인[141]은 물론 어린이와 아동[142] 등에서도 일관되게 발견되고 심지어 생후 3개월 유아[143] 에게서도 발견되는 것으로 나타났다. 3개월 된 유아는 다른 인종의 얼굴이나 같은 인종의 얼굴을 모두 동일하게 쉽게 인식하지만 5개월~7.5개월이 되면 자기 인종 편견 효과가 나타나기 시작하며 첫돌이 될 때까지 더 강해진

---

[139] Ana Carolina Monnerat Fioravanti-Bastos, Alberto Filgueiras, and J. Landeira-Fernandez, The other-race effect in Caucasian and Japanese-descendant children in Brazil?: evidence of developmental plasticity. Psychology 5(19), 2073-2083, 2014.

[140] Diana Su Yun Tham, J. Gavin Bremner, and Dennis Hay, The other-race effect in children from a multiracial population: a cross-cultural comparison. Journal of Experimental Child Psychology, 155, 128-137, 2017.

[141] James W. Tanaka and Lara J. Pierce, The neural plasticity of other-race face recognition. Cognitive, Affective, & Behavioral Neuroscience 9, 122-131, 2009.

[142] Gizelle Anzures, David J. Kelly, Olivier Pascalis, Paul C. Quinn, Alan M. Slater, Xavier de Viviès, and Kang Lee, Own-and other-race face identity recognition in children: the effects of pose and feature composition. Developmental Psychobiology. 50(2), 469-481, 2014.

[143] David J. Kelly, Paul C. Quinn, Alan M. Slater, Kang Lee, Alan Gibson, Michael Smith, Liezhong Ge, and Olivier Pascalis, Three-month-olds, but not newborns, prefer own-race faces. Developmental Psychobiology 8, 31-36, 2005.

다고 한다. 이러한 결과로 보아 자기인종 편견의 효과는 선천적인 것이 아니라 경험에 의존한다는 것을 시사한다.[144]

6개월 된 백인 유아는 ①백인과 ②아프리카 및 아시아의 두가지 카테고리로 얼굴을 구별할 수 있는 반면, 9개월 된 백인 유아는 아프리카와 아시아의 얼굴을 별개의 다른 인종 범주로 분류한다고 한다.[145] 이러한 자기인종 효과가 발전되는 과정을 학자들은 지각적 좁힘(perceptual narrowing)[146] 혹은 지각적 조정(perceptual attunement)[147]이라고 지칭한다. 이러한 과정은 돌이킬 수 없는 것이 아니라는 것이 중요하다. 즉 유아들은 꾸준히 몇 개월 동안 다른 인종의 얼굴 자극에 노출되거나 경험을 할 때 인종에 대한 인식이 바뀌어 질 수 있다. 예를 들어 한 연구에서는 유아들이 다른 인종의 얼굴이 나타나는 짧은 영상물에 노출된 경우 이러한 자기인종 편견을 해소할 수 있었다.[148]

이제 한국 사회도 인구감소로 인해 다문화 인구가 늘어나고 있으며 유

---

[144] Nicole A. Sugden and Alexandra R. Marquis, Meta-analytic review of the development of face discrimination in infancy: face race, face gender, infant age, and methodology moderate face discrimination, Psychological Bulletin, 143, pp. 1201-1244, 2017.

[145] Paul C. Quinn, Benjamin J. Balas, and Olivier Pascalis, Reorganization in the representation of face-race categories from 6 to 9 months of age: behavioral and computational evidence, Vision Research 179, pp. 34-41, 2021.

[146] David J. Kelly, Paul C. Quinn, Alan M. Slater, Kang Lee, Liezhong Ge, and Olivier Pascalis, The other-race effect develops during infancy: evidence of perceptual narrowing, Psychological Science, 18, pp. 1084-1089, 2007.

[147] Daphne Maurer and Janet F Werker, Perceptual narrowing during infancy: a comparison of language and faces, Developmental Psychobiology, 56, pp. 154-178, 2014.

[148] Gizelle Anzures, Andrea Wheeler, Paul C. Quinn, Olivier Pascalis, Alan M Slater, Michelle Heron-Delaney, James W Tanaka, and Kang Lee, Brief daily exposures to Asian females reverses perceptual narrowing for Asian faces in Caucasian infants, Journal of Experimental Child Psychology 112, pp. 484-495, 2012.

튜브 등에서 외국인과 결혼하거나 사귀는 콘텐츠가 증가하고 있다. 우리 사회가 '단군의 자손'이며 '단일 민족'으로 구성된 국가'라는 것이 과연 글로벌 시대에 적합한지 되돌아봐야 할 때다.

2
시선의 교환과 사회적 상호작용

사회적 존재로서 인간은 다른 사람들과 끊임없는 상호작용을 하며 주로 언어적 의사소통과 비언어적 의사소통을 기반으로 하는데 이때 비언어적 의사소통에서 얼굴은 가장 중요한 역할을 한다.[149] 얼굴은 다른 비언어 시각 자극보다 가장 먼저 감지되는 영역으로 알려져 있다.[150] 이러한 얼굴을 구성하는 요소 중에 눈은 가장 중요한 사회적 상호작용 요소로 강조되고 있다.[151] 눈은 타인과의 사회적 상호작용에서 상대방의 정체성이나 감정 및

---

[149] Nick E. Barraclough and David I. Perrett, From single cells to social perception, Philosophical Transactions of the Royal Society B, 366(1571), pp. 1739-1752, 2011.

[150] Romina Palermo and Gillian Rhodes, Are you always on my mind? A review of how face perception and attention interact, Neuropsychologia, 45(1), pp. 75-92, 2007.

[151] Leonhard Schilbach, Eye to eye, face to face and brain to brain: novel approaches to study the behavioral dynamics and neural mechanisms of social interactions, Current Opinion in Behavioral Sciences 3, pp. 130-135, 2015.

의도, 미래 행동을 인식하는 주요 신호이다.[152]

인간은 다른 사람의 시선 방향에 따라 주의를 돌리는 경향이 있는데, 시선 큐잉(cueing)이라고 불리는 이러한 특징은 사람으로 하여금 주위 환경과 관계를 형성하도록 하는 핵심 능력이라 할 수 있다. 시선 또는 눈을 마주치는 것은 인간의 사회적 상호작용에 필수적이고도 가장 중요한 비언어 커뮤니케이션이다. 일상생활 속에서 실시간으로 효율적인 대면 커뮤니케이션을 달성하기 위해 우리의 시선은 뇌의 지시가 없이도 신속하게 다른 사람의 시선 방향을 처리할 필요가 있다.[153] 초기에는 이러한 특징을 자동적인 반사 행동으로 여겼으나, 최근 연구에 따르면 이러한 행동은 무의식적 반사행동이 아니라 사회적 맥락을 탐지하는 행동일 수 있다고 본다.[154]

이러한 사회적 상호작용은 언어나 신체 신호와 같은 다양한 채널을 통해 수행된다. 특히 인간이 신체 신호 중 하나인 시선방향에 특히 민감한 것은 일반적으로 시선이 다른 사람들의 주의에 대한 신속하고 신뢰할만한 지표를 제공하기 때문이다.[155] 즉 인간은 안구의 대부분을 둘러싸고 있는 흰 공막(sclera)을 가진 유일한 영장류 종으로 이 백색 영역과 홍채 사이의 높은 색 대비로 인해 다른 동물에 비해 타인의 시선 방향을 쉽고 빠르게 평가할

---

[152] Matthias S. Gobel, Heejung S. Kim, and Daniel C. Richardson, The dual function of social gaze, Cognition, 136, pp. 359-364, 2015.

[153] Nicolas Burra, Ines Mares, and Atsushi Senju, The influence of top-down modulation on the processing of direct gaze, Wiley Interdisciplinary Reviews-Cognitive Science 10(5) e1500, 2019.

[154] Mario Dalmaso, Luigi Castelli & Giovanni Galfano, Social modulators of gaze-mediated orienting of attention: a review, Psychonomic Bulletin & Review 27, pp. 833-855, 2020.

[155] Francesca Capozzi and Jelena Ristic, How attention gates social interactions. Annals of the New York Academy of Sciences, 1426, 179-198, 2018.

수 있다.[156] 이런 이유로 눈은 타인과의 상호작용에서 가장 쉽고 빠르게, 그리고 많이 스캔하는 영역임이 입증되었다.[157] 이렇게 눈을 통한 시선 방향이 사회적 상호작용에서 중요한 것은 그것이 신경 인지 발달에도 필수적인 능력이기 때문이다.[158] 즉 시선 자극은 사람이 성장하면서 자극을 처리하고 받아들여서 인지하는 다양한 메커니즘에 가장 큰 영향을 미치는 감각이다.

한 연구팀은 태아와 갓 태어난 신생아의 얼굴 인식 능력을 실험해 보았다. 이 연구는 임신 후 33~36주의 태아를 대상으로 조명을 통해 얼굴 자극과 얼굴이 아닌 자극을 제시한 결과 얼굴 자극을 향해 태아가 훨씬 더 자주 머리를 움직이는 것을 발견했으며 또한 신생아들도 사람의 얼굴이나 얼굴과 유사한 자극을 보는 것을 선호한다는 결과들을 내놓았다.[159] 이러한 태아 및 신생아의 얼굴 인식능력은 일상생활에서 부모를 비롯한 다양한 얼굴에 자주 노출됨으로써 크게 촉진되며[160] 연령이 증가함에 따라 급격하게 향상된다.[161] 어릴 때부터 청각장애가 심한 성인은 사회적 상호작용 중에

---

[156] Juan Olvido Perea-García, Mariska E. Kret, Antónia Monteiro, and Catherine Hobaiter, Scleral pigmentation leads to conspicuous, not cryptic, eye morphology in chimpanzees. Proceedings of the National Academy of Sciences of the United States of America, 116, 19248-19250, 2019.

[157] Elina Birmingham, Walter Bischof & Alan Kingstone, Gaze selection in complex social scenes. Visual Cognition, 16, 341-355, 2008.

[158] Antonia F. de C. Hamilton, Gazing at me: The importance of social meaning in understanding direct-gaze cues. Philosophical Transactions of the Royal Society B, 371, 20150080, 2016.

[159] Vincent M. Reid, Kirsty Dunn, Robert J. Young, Johnson Amu, Tim Donovan, and Nadja Reissland. The Human Fetus Preferentially Engages with Face-like Visual Stimuli. Current Biology 27(12):1825-1828, 2017.

[160] Swapnaa Jayaraman and Linda B. Smith, Faces in early visual environments are persistent not just frequent. Vision Research 157, pp. 213-221, 2019.

[161] Paul C Quinn, Kang Lee, and Olivier Pascalis, Face processing in infancy and beyond: the case of

시각적 얼굴정보에 강하게 의존한다. 따라서 그들은 얼굴 인식 능력에 있어 일반인들보다 매우 우수하다고 할 수 있다.[162]

사람들이 특정 얼굴을 인식하는 법을 배울 때, 그들은 관찰된 얼굴을 다양한 안구 운동을 통해 스캔한다. 이때 안구 운동을 제한하면 얼굴 인식이 저해된다는 연구결과가 있다.[163] 얼굴의 어느 부분을 우선적으로 스캔하는지는 문화, 얼굴에 표시되는 감정 표현 및 발화 여부에 따라 달라진다. 특히 말하는 사람의 얼굴을 스캔하는 동안에는 입과 눈 가운데 대부분의 시선은 입 영역을 응시하며 말을 하지 않는 얼굴에서는 입 보다 눈 영역을 더 많이 응시한다.[164]

흔히 원숭이나 고릴라처럼 인간과 가장 유사한 영장류들은 얼굴 인식에 있어 사람과 비슷한 패턴의 시선행동을 보일 것이라고 가정할 수 있다. 원숭이류는 자신과 동종의 원숭이에 대한 얼굴일 때는 눈 영역을 우선적으로 스캔하는 결과를 보여주었다. 그러나 원숭이에게 인간의 얼굴을 보여주었을 때는 그러한 결과가 나타나지 않았으며 사람에게 원숭이 얼굴을 보여주었을 때도 눈 부위에 대한 시선 선호도는 나타나지 않았다.[165] 인간과 유사한

social categories, Annual Review of Psychology 70, pp. 165-189, 2019.

[162] Adélaide de Heering1, Abeer Aljuhanay, Bruno Rossion and Olivier Pascalis, Early deafness increases the face inversion effect but does not modulate the composite face effect, Frontiers in Psychology 3, p.124, 2012.

[163] John M. Henderson, Carrick C. Williams & Richard J. Falk, Eye movements are functional during face learning, Memory and Cognition, 33, pp. 98-106, 2005.

[164] Johannes Rennig and Michael S Beauchamp, Free viewing of talking faces reveals mouth and eye preferring regions of the human superior temporal sulcus, Neuroimage, 183, pp. 25-36, 2018.

[165] Christoph D. Dahl, Christian Wallraven, Heinrich H. Bülthoff, and Nikos K. Logothetis, Humans and macaques employ similar face-processing strategies, Current Biology, 19, pp. 509-513, 2009.

포유류의 일종인 보노보는 인간과 마찬가지로 눈 부위를 먼저 보는 행동을 보이지만 다른 종인 침팬지는 그렇지 않다.[166]

얼굴인식 실험시 주로 사용하는 방법이 작은 구멍을 통해 얼굴의 일부만 보여주는 기법(Bubble 기법)이다. 즉 이 얼굴인식 실험방법은 대부분의 얼굴이 가려지고 특정 부위만 보여주는 상태에서 얼굴을 인식해야 하는데 피험자들은 왼쪽 눈만 드러냈을 때 얼굴을 가장 빨리 인식했다. 이처럼 오른쪽 눈이 아니라 왼쪽 눈이라는 사실은 영상을 비롯한 이미지 처리에서 우뇌의 우세를 반영하는 것일 가능성이 높다고 분석된다.[167] 이러한 결과는 사람들이 셀카를 찍을 때 몸의 왼쪽 편을 앞으로 내밀고 왼쪽 눈에 초점을 맞추고 찍는 이유를 설명하는 한 요인이 될 수 있다.[168]

얼굴 표정 또한 사회적 상호작용에서 중요한 역할을 한다.[169] 실제로 표정을 가진 얼굴은 그렇지 않은 얼굴보다 더 많은 관심을 끈다.[170] 인간뿐만 아니라 유인원들도 다양한 얼굴 표정을 만들 수 있으며 [171] 이러한 얼굴 표정을 다양하게 혼합할 수도 있다.[172] 인간은 기쁨과 슬픔 등 60개 이상의

---

[166] Fumihiro Kano, Stephen V. Shepherd, Satoshi Hirata, and Josep Call, Primate social attention: species differences and effects of individual experience in humans, great apes, and macaques, PLoS One, 13, Article e0193283, 2018.

[167] Céline Vinette, Frédéric Gosselin, Philippe G. Schyns, Spatio-temporal dynamics of face recognition in a flash: it's in the eyes, Cognitive Sci., 28, pp. 289-301, 2004.

[168] Nicola Bruno, Marco Bertamini, and Christopher W. Tyler, Eye centering in selfies posted on Instagram, PLoS One, 14, Article e0218663, 2019.

[169] Valentina Ferretti and Francesco Papaleo, Understanding others: emotion recognition in humans and other animals, Genes Brain and Behavior, 18, Article e12544, 10.1111/gbb.12544, 2019.

[170] Romina Palermo and Gillian Rhodes, Are you always on my mind? A review of how face perception and attention interact, Neuropsychologia, 45, pp. 75-92, 2007.

[171] N. N. Ladygina-Kohts & F.B.M. de Waal(Ed.), Infant Chimpanzee and Human Child. A Classic 1935 Comparative Study of Ape Emotions and Intelligence, Oxford University Press, 2002.

표정을 지을 수 있는 것으로 알려져 있으며[173] 인간은 유인원에 비해 훨씬 많은 표정을 만들 수 있다. 이러한 다양한 표정은 태아가 엄마의 뱃속에 있을 때부터 나타난다.[174] 얼굴 표정은 복잡한 얼굴 근육 시스템에 의해 생성되며 개인차가 심한 것으로 알려져 있다.[175] 얼굴표정을 인식하는 능력은 인간에게만 있는 것이 아니며 개와 원숭이, 유인원 등에서도 나타난다.[176]

진화학자 다윈은 이러한 얼굴표정과 같은 감정 표현이 선천적이고 보편적이라고 주장한 바 있다. 표정과 몸짓, 목소리만으로 거짓말을 알아내는 비언어커뮤니케이션의 세계적 전문가인 에크만(Paul Ekman)은 감정표현의 인식에 관한 그의 저서에서 행복, 분노, 두려움, 슬픔, 혐오, 놀라움의 여섯 가지 표현을 구별했으며 이러한 표정은 대부분의 인간 사회에서 보편적으로 인식된다고 주장했다.[177] 그러나 최근의 연구는 일부 표정, 즉 행복과 분노만이 보편적으로 인식되며 혐오감이나 두려움과 같은 표정의 경우 문화권별로 차이가 있다고 받아들여진다.[178]

---

[172] Frans B. M. de Waal, Darwin's legacy and the study of primate visual communication. Annals of the New York Academy of Sciences 1000:7-31, 2003 Dec.

[173] Rachael E. Jack, Wei Sun, Ioannis Delis, Oliver G. B. Garrod, and Philippe G Schyns, Four not six: revealing culturally common facial expressions of emotion, Journal of Experimental Psychology: General 145, pp. 708-730, 2016.

[174] Nadja Reissland, Brian Francis, James Mason, and Karen Lincoln, Do facial expressions develop before birth?, PLoS One 6(8), Article e24081, 2011.

[175] Luigi Cattaneo and Giovanni Pavesi, The facial motor system, Neuroscience & Biobehavioral Reviews 38, pp. 135-159, 2014.

[176] Valentina Ferretti and Francesco Papaleo, Understanding others: emotion recognition in humans and other animals, Genes, Brain and Behavior 18, Article e12544, 10.1111/gbb.12544, 2019.

[177] Paul Ekman, Wallace V. Friesen and Phoebe Ellsworth, Emotion in the Human Face: Guidelines for Research and an Integration of Findings, Pergamon Press Inc., New York, 1972.

[178] Hillary Anger Elfenbein and Nalini Ambady, On the universality and cultural specificity of emotion recognition: a meta-analysis, Psychological Bulletin, 128, pp. 203-235, 2002.

연구에 따르면 생후 2,3일 된 유아가 행복하거나 놀라거나 슬픈 표정 등을 모방할 수 있는 능력이 있으며 이러한 다양한 표정들을 구별할 수 있다고 한다.[179] 이후 신생아들의 능력을 더 자세히 조사한 결과 신생아가 행복과 혐오의 표정을 구별할 수 있으며[180] 다른 연구들은 몇 일된 신생아들이 중립적이거나 두려운 얼굴 표정에 비해 행복한 얼굴 표정들을 우선적으로 바라본다고 밝히고 있다.[181]

이러한 연구들을 종합해 보면 태어난 지 얼마 안 된 유아들이 얼굴 표정에 대한 정보를 처리할 수 있는 능력을 가지고 있다는 것을 알 수 있다. 또한 신생아들은 행복하고 긍정적인 사회적 상호작용을 하는 얼굴 표정을 선호하며 이러한 유아가 경험하는 긍정적 상호작용은 눈과 눈의 시선접촉을 통해 이뤄진다.[182] 그러니 신생아를 바라볼 때 함부로 바라볼 것이 아니라 밝고 환한 긍정적 표정을 짓고 바라봐야만 하는 것이다. 무서운 표정으로 바라보면 신생아들이 울음을 터트릴 수밖에 없는 것이다.

---

[179] Tiffany M. Field, Robert Woodson, Reena Greenberg, and Debra Cohen, Discrimination and imitation of facial expression by neonates, Science, 218, pp. 179-181, 1982.

[180] Margaret Addabbo, Elena Longhi, Ioana Cristina Marchis, Paolo Tagliabue, and Chiara Turati, Dynamic facial expressions of emotions are discriminated at birth, PLoS One, 13(3), Article e0193868, 2018.

[181] Silvia Rigato, Enrica Menon, Mark H. Johnson, and Teresa Farroni, The interaction between gaze direction and facial expressions in newborns, European Journal of Developmental Psychology 8(5), pp. 624-636, 2011.

[182] Marshall H. Klaus, John H. Kennell, Nancy Plumb, and Steven Zuehlke, Human maternal behavior at the first contact with her young, Pediatrics, 46(2), pp. 187-192, 1970.

3

시선을 피할 것인가 마주할 것인가

    사람의 사회적 동기에 대한 초기 연구들은 접근(approach)과 회피(avoidance)라는 두 가지 상반되는 개념을 제시하고 있다. 접근하는 사회적 동기와 목표는 긍정적 결과와, 그리고 회피하는 사회적 동기와 목표는 부정적 결과와 연관되어 있으며 이 두가지 동기 시스템은 상대적이며 독립적인 것으로 가정된다. 시선 행동 또한 이러한 회피 지향적 시선 행동과 접근 지향적 시선 행동으로 나뉠 수 있으며 이러한 상반된 시선 행동은 감정표현과 관련이 있는 것으로 나타났다.

    예를 들면 회피 지향 감정(avoidance oriented emotions)으로 해석되는 두려움과 슬픔의 표현은 시선의 회피와, 접근 지향 감정(approach oriented emotions)으로 간주되는 행복하고 분노한 표현은 시선의 직접적인 접촉과 접근으로 나타난다.[183]

예를 들어 공포영화를 싫어하는 사람은 영화관이나 TV화면에서 조금만 섬뜩한 장면이 나와도 눈길을 회피하며, 심지어 소리로 다음 장면을 예측하며 눈을 감아버린다. 반대로 공포영화가 나오면 일부러 탐색하며 장면을 뚫어져라 쳐다보는 사람이 있다. 이러한 두가지 다른 시선 행동이 회피와 접근 지향의 대표적인 예라고 할 수 있을 것이다. 선정적 장면도 비슷하다. TV를 보다가 조금만 야한 장면이 나오면 눈을 가리거나 채널을 돌리는 사람이 있는 반면, 뚫어져라 직시하는 유형도 있다.

우리는 보통 "공포"를 불쾌하고 부정적인 감정으로 여긴다. 이로 인해 영화를 보면서 특정 장면에서 느끼는 감정이 고통과 공포를 유발하기 때문에 피하고 싶어 하는 것이다. 그러나 신경과학자들과 심리학자들, 그리고 영화 제작자들은 함께 협업하여 어떻게 하면 시청자들을 더 공포에 떨게 할 수 있을까 끊임없이 공포 반응을 연구하고 있다. 분명 공포는 불쾌하고 부정적인 감정인데 왜 어떤 부류의 사람들은 공포영화를 좋아하는 것일까? 자기 돈을 써가면서 부정적인 경험을 하는 이유는 무엇일까? 일반적인 심리학 이론들은 인간 행동의 근본적 동기를 즐거움은 추구하고 고통은 회피하는 것으로 설명한다. 그러나 공포영화를 보는 것은 이러한 인간 행동을 설명하

---

[183] Sarah D. McCrackin and Roxane J. Itier, Perceived gaze direction differentially affects discrimination of facial emotion, attention, and gender, Frontiers in Neuroscience 13, p. 517, 2019.

고 예측하는 전통적인 이론에서 벗어난 것이다.

대학생 326명을 대상으로 공포영화 '엑소시스트(The Exorcist)'와 '공포의 별장(Salem's Lot)'을 이용해 실험한 결과 공포영화를 보는 사람들은 자신들의 불쾌한 감정을 즐긴다는 결과가 있다.[184] 이들은 실험을 통해 참가자들이 긍정적 감정과 부정적 감정을 동시에 경험한다는 사실을 확인했는데 사람들은 공포영화가 끝난 후의 안도감이 아니라 실제 공포를 즐긴다는 것을 발견했다. 따라서 이 연구는 공포영화 같은 부정적 자극에 노출되면 긍정적 감정과 부정적 감정이 동시에 일어날 수 있음을 보여주며 역설적으로 가장 두려운 순간이 바로 즐거운 순간이 될 수 있다는 것이다. 즉 사람들이 공포영화를 보면서 진짜 두려움을 느끼는 게 아니라 흥분하거나 혹은 영화가 끝난 뒤 얻게 될 안도감을 즐기기 위해 공포를 참아낸다고 설명할 수 있다.

지난 한 세기동안 수많은 공포 영화가 블록버스터로 등장했지만 공포영화가 주는 이 '허구의 공포감'에 대한 사람들의 행동, 인지, 감정적 반응에 대한 연구는 많지 않다. 연구에 따르면 공포에 대한 호감은 어린 시절과 청소년기에 발달하며 낮은 공감과 두려움은 공포 영화를 보는 더 많은 즐거움이나 욕구와 관련이 있다.

또한 감각 추구와 공포의 즐거움/선호 사이에는 긍정적인 관계가 있지만 일관되지는 않다. 남자와 소년들은 여자나 소녀들보다 공포물을 보고 즐기

---

[184] Eduardo B. Andrade and Joel B. Cohen, On the Consumption of Negative Feelings, Journal of Consumer Research, Volume 34, Issue 3, pp. 283-300, October 2007.

고, 찾는 것을 더 좋아한다. 여성은 남성보다 혐오감이나 불안에 더 취약하며, 이는 공포를 즐기는 데 있어 성별 차이를 가져올 수 있다. 공포영화는 여성보다 남성들이, 그리고 감각 추구와 공격성이 높은 사람들에게 인기가 있다. 감정은 나이가 들수록 안정되기 때문에 나이든 청중을 겁주기가 더 어려워지는 것이다.[185] 또한 어린아이들은 상징적인 자극을 두려워하는 반면, 나이가 들어감에 따라 구체적이거나 현실적인 자극을 두려워한다. 공포에 대처하는 측면에서 두려운 대상에 대한 정보를 가지고 노는 것은 두려움을 줄이고 아이들의 무서운 텔레비전과 영화에 대한 즐거움을 증가시킨다.[186]

공포 중에서도 사람에 대한 공포 증세인 대인공포증(Anthrophobia)은 낯선 인물과의 대면 혹은 대화에 공포 반응을 보이는 증세를 뜻한다. 공황장애와 광장공포증과 대인 공포증은 구분이 어려울 정도로 비슷하다. 광장공포증은 공공장소에서 공황발작이 일어났을 때 자신을 도와줄 사람이 없다는 것을 두려워 해 공공장소에 가지 못하는 것이고 대인 공포증은 사람을 만나기를 두려워하지만 공황장애는 대인 관계와 상관없이 갑작스럽게 찾아오는 공황발작을 두려워하는 증세를 말한다.

이러한 증세를 판별하거나 구별하기는 쉽지 않다. 친한 친구나 가족 등

---

[185] Lauri Nummenmaa, Psychology and Neurobiology of Horror Movies. PsyArXiv, 4 Mar. 2021. Web. doi:10.31234/osf.io/b8tgs.

[186] Neil Martin, (Why) Do You Like Scary Movies? A Review of the Empirical Research on Psychological Responses to Horror Films, Frontiers in Psychology 18, October 2019.

과는 잘 이야기하지만 낯선 사람과 마주쳤을 시 공황장애가 나타나며, 얼굴은 알지만 안 친한 사람 사이에서도 나타난다. 이러한 공포의 대표적인 것이 다른 사람과 대면할 경우 얼굴이 붉어지는 형태로 나타나는 적면공포이다. 또한 다른 사람들이 나를 쳐다보는 것에 대한 공포인 시선공포가 많은데 이는 어린아이가 아직 낯을 가릴 때 낯선 사람이 쳐다보기만 해도 우는 것과 비슷한 증세이다. 이러한 시선공포에는 다른 사람을 제대로 쳐다보지 못하고 눈 둘 곳을 모르는 정시공포나 내가 다른 사람의 눈을 오랫동안 바라보면 그 사람에게 피해가 생기기 때문에 저 사람을 쳐다보며 안 된다고 생각하는 자기시선공포를 들 수 있다. 증세가 심한 사람은 자기 눈을 찌르는 사람도 있을 정도이다.

파스칼 로지에(Pascal Laugier) 감독의 〈베스와 베라〉에서 어린 베스(에밀리아 존스 Emillia Jones분)와 어린 베라(테일러 힉슨 Taylor Hickson 분)는 정체불명의 괴한으로부터 끔찍한 사고를 겪는데 이후 성인이 된 언니 베스(크리스탈 리드 Crystal Reed 분)는 자전적 소설을 출간해 성공하지만, 동생 베라(아나스타샤 필립스 Anastasia Phillips 분)는 여전히 그날의 공포에 사로잡혀 괴로워한다. 이 영화에서 베스는 피를 보는 것만으로도 무서워 어쩔 줄 모르면서도 공포 소설을 쓴다.[187] 실제적으로 이런 것이 가능할까? 위험회피와 자극추구라는 상반된 두 가지 성향을 베스는 모두 크게 가지고 있기에 소설로 표현할 때 뛰어난 능력을 발휘할 수 있는 것이다. 만약 베스가 위험

---

[187] 영문제목 Incident in a Ghost Land. 2018년 개봉.

회피 성향만 강했다면 공포를 떠올리는 것만으로도 참을 수 없었기 때문에 절대 자전적 소설을 쓰지는 못했을 것이다.

5장

과연 보는 것이 믿는 것일까

보는 것이 믿는 것
눈앞을 돌아다녀도 보이지 않는 고릴라
마음보다 눈이 먼저 간다

눈은
알고
있다

"'보는 것이 믿는 것'이 아니라 '사람들은
보고 싶은 것만 본다' '본인이 믿는 대로 본다"

1

보는 것이
믿는 것

　백 번 듣는 것이 한 번 보는 것만 못하다(百聞不如一見)라는 격언이 있다. 영어로는 '보는 것이 믿는 것이다(Seeing is believing)'라고 표현할 수 있다. 과연 우리는 눈에 보이는 모든 사물을 온전히 바라보고 있는 것일까? 사람들은 단지 눈을 뜨기만 해도 그들의 시야에서 모든 것이 보인다고 믿는다. 그러나 심리학자들은 그런 것은 없다고 주장한다.[188]

　물고기 눈은 시야각이 160도 이상이며 양쪽 눈으로는 거의 360도의 시야각을 갖고 있다. 이에 비해 인간의 시야각은 두 눈이 얼굴 앞쪽에 위치해 180도가 넘지만 정작 우리가 보는 총천연색의 현실은 기껏해야 37도 내외의

---

[128] Arien Mack and Irvin Rock, Inattentional Blindness, The MIT Press, 2000.

눈앞만 본다는 실험 결과가 있다.[189] 사실 일상에서 이런 현상이 흔하게 일어나기 때문에 '보는 것이 믿는 것'이 아니라 '사람들은 보고 싶은 것만 본다'나 '본인이 믿는 대로 본다'가 맞을 듯하다.

우리 눈이 볼 수 있는 영역인 시야의 좌우 시야각은 180~210도다. 시야 양쪽 끝 62~94도 범위는 한쪽 눈만 볼 수 있다. 인간의 시야각은 넓은 편이지만 보는 것이 무엇인가에 따라 실질적인 시야는 줄어든다. 예를 들어 글자를 읽을 수 있는 각도는 시선 방향에서 5~10도 이내, 형태는 5~30도 이내, 색은 30~60도 이내로 알려져 있다.

한 연구팀은 인간의 시지각이 얼마나 허술한지를 실험을 통해 밝혀냈다. 색상 지각에 관한 이 실험은 우리의 눈이 보는 시야의 3분의 2, 심지어 95% 이상을 컬러에서 흑백으로 바꿔도 많은 사람들이 이를 인지하지 못한다는 것을 보여줬다.

---

[189] Michael A. Cohen, Thomas L. Botch, and Caroline E. Robertson, The limits of color awareness during active, real-world vision. Proceedings of the National Academy of Sciences of the United States of America. 117(24), June 8, 2020.

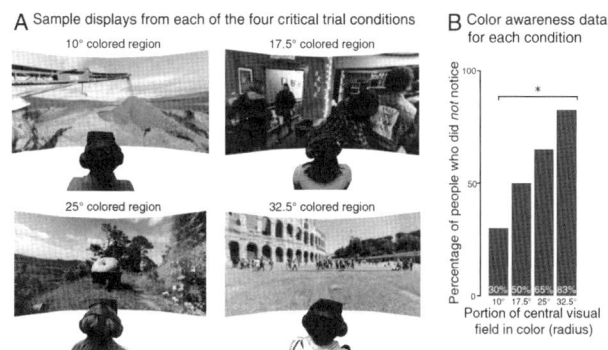

그림 7 헤드셋 실험 결과 시선 방향에서 10도 범위를 뺀 나머지(시야의 95% 이상)가 흑백으로 바뀌어도 참가자의 30%가 알아차리지 못하며 각도가 커질수록 주변부가 흑백으로 바뀐 걸 모르는 참가자의 비율이 높아져 32.5도에서는 83%에 이른다. 즉 우리 시야의 70% 이상이 흑백으로 바뀌어도 대다수는 모른다. 출처 : PNAS

이러한 결과는 안구의 중심부와 주변부에 대한 주의력 차이가 대상의 형태나 존재 지각 여부뿐 아니라 색 지각 여부에도 영향을 미치는 대표적인 사례이다. 실험참가자가 시선을 옮길 때마다 그 영역만 컬러가 반영된 영상을 접하게 해도 사람들은 총천연색 영상으로 인지하고 주변부의 색이 흑백으로 바뀐 걸 알아채지 못했다. 주변부가 흑백이 된 걸 지각한 사람의 비율을 조사한 결과 시선 방향에서 17.5도 이내 영역을 제외한 나머지가 흑백으로 바뀌는 조건에서는 절반이 알아차리지 못했고 25도에서는 65%, 32.5도에서는 83%가 알아차리지 못했다. 즉 시야의 70% 이상이 흑백으로 바뀌어도 대다수는 모른다는 말이다. 이런 결과를 바탕으로 한다면 영화나 드라마 제작시 굳이 화면 전체를 총천연색으로 가득 채울 필요가 없다는 결론에 이른다. 특히 VR과 같은 화면의 경우 고개를 돌려 바라볼 때만 그 부분만 컬러로 처리한다면 상당한 양의 데이터를 절약할 수 있다.

또한 연구자들은 참가자를 대상으로 주변부의 색이 흑백으로 바뀔 거라고 알려준 뒤 이를 지각하는 순간 버튼을 누르게 했는데 참가자들이 주변부의 색 변화를 알아차렸을 때 평균 각도가 37.5도로 나타났다. 이는 우리의 시선 방향에서 37.5도가 벗어나는 시야에서는 색 정보를 지각하지 못한다는 말이다. 이는 전체 시야의 3분의 2가 넘는 면적이다. 이처럼 우리는 평소 시야의 경계선을 의식하지 못하며 계속 주목하는 대상을 따라 시선과 고개를 따라 돌리면서 대상을 인식한다.

이렇게 인간이 시야의 중심부를 뺀 나머지의 대부분에서 색을 보지 못한다는 건 다소 충격적인 결과이지만 이는 정보처리의 효율성 관점에서는 타당한 작동방식이다. 만약 우리의 눈이 시야각 전체에 해당되는 범위를 정교하게 그리고 총천연색으로 본다면 데이터 처리에 과부하가 걸리고 정보 과잉으로 오히려 역효과가 날 것이다. 따라서 인간은 중심부만을 제대로 보고 주변부는 대충 보는 방향으로 진화해 온 것이다.

실제 우리 눈은 시야 중심의 대상을 더 잘 볼 수 있도록 설계돼 있다. 예를 들어 색채를 지각하는 원추세포는 시선의 시각 정보가 들어오는 망막의 중심와(황반)에 집중돼 있다. 그럼에도 망막 전반에 원추세포가 분포해 있어 시야 전 범위에서 색 정보를 입력하는 데는 문제가 없다. 이렇게 허술하게 색상과 사물을 인식하는 인간의 눈을 믿고 만약 경찰에서 목격자가 본 색상을 증거로 채택한다면 억울한 피해자가 나올 수도 있는 것이다.

2

눈앞을 돌아다녀도 보이지 않는 고릴라

눈앞에 고릴라 한 마리가 천천히 지나가는데도 우리의 눈은 고릴라를 볼 수 없다? 실제 인간의 눈은 주의를 기울이지 않으면 눈으로 보고서도 보지 못했다고 응답하는 '눈 뻔히 뜨고도 알지 못하는' 사태가 종종 일어나는데 이러한 현상을 '부주의맹(inattentional blindness)'이라고 부른다.

부주의맹에 대한 유명한 실험으로 〈보이지 않는 고릴라 실험〉[190][191]을 들 수 있다. 이 실험은 흰색 셔츠를 입은 3명과 검은색 셔츠를 입은 3명이 같은 팀끼리 공을 패스하는 장면을 보는 실험이다. 영상을 본 후 흰색 셔츠

---

[190] Daniel J. Simons and Christopher F. Chabris, Gorillas in our midst: Sustained inattentional blindness for dynamic events. Perception 28(9), 1059-1074, 1999.
[191] 연구결과가 책으로도 소개되었다. Christopher Chabris and Daniel Simons, The Invisible Gorilla: How Our Intuitions Deceive Us, Harmony (June 7, 2011).

를 입은 팀끼리 몇 번의 패스를 했는지 맞추는지를 묻는데 사실은 패스 중간 화면에 등장한 고릴라를 봤는지를 묻는 것이 원래 의도이다.[192] 실험 결과 사람들은 패스를 몇 번 했는지는 맞추지만 50%의 사람들이 화면에 천천히 지나다니는 고릴라를 보지 못한다고 응답했다.

 이 실험에서 참가자들은 또한 뒷 배경 커튼 색상이 변한 것도, 검은 색 셔츠팀의 한 명이 사라진 것도 보지 못했다. 이러한 결과는 사람들이 관심을 기울이는 부분만 눈에 들어오는 선택적 지각 현상이 기억뿐만 아니라 시지각 과정에서도 일어난다는 것을 보여준다. 일상생활에서 이러한 부주의맹과 같은 선택적 지각은 자주 일어나는데 나이가 먹을수록 그러한 현상은 증가한다. 하나의 교통사고에서 사람마다 목격담이 다르고 운동 경기에서 파울이 나올 때 자기편에 유리하게 보는 착시 현상이 대표적인 사례다. 이는 뇌가 시각적인 정보를 왜곡해서 처리하는 현상이라 할 수 있다.

 이러한 부주의맹의 사례는 실험실뿐만 아니라 실제 세계에서도 발생한다. 보스턴 경찰관이 살인 용의자를 쫓던 중 잔혹한 폭행 현장을 보지 못하고 지나쳤다고 주장하여 거짓말로 유죄 판결을 받은 사례가 있는데 이를 실험 상황으로 시뮬레이션한 연구결과도 있다. 이 실험에서 참가자들은 잔인한 폭행 장면을 바로 지나치는 실험자 뒤에서 조깅을 하도록 했는데 44%의 참가자들이 조깅을 하느라 그 장면을 놓쳤으며 밤에는 65%가 놓친 것으

---

[192] 실험영상은 유튜브로도 확인해 볼 수 있다.
https://youtu.be/IGQmdoK_ZfY

로 나왔다.[193]

왜 이러한 선택적 지각이 벌어지는지에 대해 심리학자들은 작업기억용량(working memory capacity) 때문이라고 설명한다. 즉 사람이 동시에 한 개 이상의 작업에 집중할 수 있는 용량이 제한되어 있기 때문에 이 기억용량이 큰 사람은 집중력을 분산시키는 능력이 뛰어나지만 사람들은 대부분 한정된 양의 기억용량을 갖고 있어 특정 감각에 집중하면 다른 감각에는 무뎌지는 것이다. 나이가 들면 이러한 현상은 더욱 심해지며, 반응도 늦어지게 되어 있다. 주의를 집중할 수 있는 우리의 능력은, 관련이 없거나 산만한 정보를 무시할 수 있는 장점이 있지만 반대로 경험을 원하는 정보들을 놓치게 하는 부작용도 있다.

이렇게 작업 기억용량이 제한되어 있기 때문에 일부 연구자들은 시지각에서 멀티태스킹과 같은 것은 없다고 주장한다. 즉 우리의 눈은 여러 가지를 동시에 처리하는 것이 아니라 주의를 빠르게 전환하면서 번갈아 시지각을 처리하는 것이다. 친구와 대화하거나 텔레비전을 보면서 문자를 보내는 멀티태스킹을 효과적으로 할 수 있을까? 만약 그렇다고 대답하는 사람은 착각하고 있을 가능성이 크다. 50여 년 전부터 실험심리학자들은 인간은 한 번에 하나의 정보를 처리한다는 것을 증명해왔다.

대표적인 실험방법이 소리를 두 개의 다른 경로를 통해 들려주는 양분

[193] Christopher F. Chabris, Adam Weinberger, Matthew Fontaine, and Daniel J. Simons, You do not talk about fight club if you do not notice fight club: Inattentional blindness for a simulated real-world assault. i-Perception, 2, 150-153, 2011.

청취법(dichotic listening 혹은 이분 청취법)이다. 양분청취법은 이러한 멀티태스킹이 가능한지를 테스트하기 위해 사용되어왔다.[194] 이는 헤드폰을 끼면 왼쪽과 오른쪽 귀에 전혀 다른 두 개의 음성이 재생될 수 있는데 왼쪽 귀에 들리는 각 음절을 가능한 빠르고 정확하게 반복해서 따라 하는 과제라고 할 수 있다. 이때 반대편 오른쪽 귀의 스피커에서 전혀 다른 언어라던지 아무 관련 없는 터무니없는 내용을 들려줘도 사람들은 왼쪽 귀에 집중하느라 무슨 내용이 재생되는지 알 수 없다는 것이다. 심지어 오른쪽 헤드폰의 스피커가 자신의 이름을 말한다고 해도 사람들은 약 3분의 1만 알아차린다고 한다.[195]

이러한 선택적 청취 과제는 우리가 듣고 싶어 하는 소리 정보만 받아들이는 선택적 주의의 힘을 강조하는 사례이다. 소리와 마찬가지로 시각에도 이같은 선택적 주의가 적용될 수 있는지를 실험을 한 결과들이 1970년대부터 시도되어왔다. 이 실험에서는 참가자들에게 동시에 두가지의 사건이 중첩되는 투명한 영상물을 보여주었다. 예를 들어 두 사람이 손뼉을 치는 장면과 사람들이 공을 패스하는 장면을 중첩시켜 보여주었는데 화면에서 손뼉을 몇 번 쳤는지를 헤아리도록 한 참가자들은 패스 장면을 알아차리지 못하고 공을 패스하는 횟수를 헤아리도록 한 참가자들은 손뼉치기 선수들

[194] E. Colin Cherry, Experiments on the recognition of speech with one and two ears. Journal of the Acoustical Society of America, 25(5), 975-979, 1953.
[195] Andrew R. A. Conway, Nelson Cowan & Michael F. Bunting, The cocktail party phenomenon revisited: The importance of working memory capacity. Psychonomic Bulletin & Review, 8, 331-335, 2001.

이 게임을 멈추고 악수하는 것을 알아차리지 못했다. 심지어 그들의 눈이 이 장면들을 보고 있었음에도 그들의 관심 밖에서 일어나는 사건들을 알아채지 못했다.[196]

이렇게 시각에 있어서 선택적 주의의 효과를 검증하기 위해 또 다른 연구자들은 검은색 옷과 흰색 옷을 입은 두 팀의 선수들이 공을 패스하는 비디오 실험을 고안했다. 실험 참가자들은 흰색 옷을 입은 선수들이 공을 성공적으로 패스할 때마다 키를 누르도록 했는데 이들은 영상 중간에 우비를 입고 우산을 든 '우산녀'가 현장을 거닐도록 했는데 사람들의 시선이 이를 놓치는 것을 발견했다.[197] 이러한 70년대의 연구들은 20여년간 후속 연구가 이뤄지지 않다가 90년대 후반에서야 유명한 '보이지 않는 고릴라' 실험으로 이어졌으며 이후 색상이나 형태 등의 속성을 고려한 실험들이 이뤄져 부주의맹(inattentional blindness) 현상이 알려지게 되었다.[198]

이처럼 사람들은 멀티태스킹을 할 수 있다고 믿지만 실제로는 멀티태스킹을 할 수 없다. 따라서 운전하거나 걷는 동안 휴대폰으로 통화를 하는 것은 상황 인식을 떨어뜨려 사고가 날 가능성을 증가시키게 될 수밖에 없다.[199] 실제로 휴대전화로 인한 부주의맹 실험에서 대학캠퍼스를 걸어가면

---

[196] Ulric Neisser and Robert Becklen, Selective looking: Attending to visually specified events. Cognitive Psychology, 7(4), 480-494, 1975.

[197] Ulric Neisser, The control of information pickup in selective looking. In A. D. Pick (Ed.), Perception and its development: A tribute to Eleanor J. Gibson (pp. 201-219). Hillsdale, NJ: Lawrence Erlbaum Associates, 1979.

[198] Steven B. Most, Brian J. Scholl, Erin R. Clifford, and Daniel J. Simons, What you see is what you set: Sustained inattentional blindness and the capture of awareness. Psychological Review, 112(1), 217-242, 2005.

서 휴대전화로 이야기하는 사람들은 그들의 곁을 가로질러 달리는 외발자전거 탄 광대를 다른 보행자들보다 덜 알아차린다는 것을 발견했다.[200]

시선의 주의에 영향을 미치는 또 다른 특성으로는 사물의 크기,[201] 색상,[202] 의미론적 내용, 거리[203]등을 들 수 있다. 이러한 특성에 따라 부주의맹의 효과는 달라지는데 사람들 사이에 개인차가 존재하는지는 아직 확정된 결과들이 없다.[204]

몇몇 연구에 따르면 어떤 사람들이 시각적으로 이러한 동시다발적인 자극을 줘도 잘 알아채는지에 대해 논란의 여지는 많지만 뇌의 작업 메모리 용량이 더 큰 사람들이 이러한 부주의맹에도 불구하고 예상하지 못한 물체를 더 잘 알아차릴 수 있다고 보고했다.[205] 그러나 작업메모리 용량이 커서 주의를 집중할 때 더 많은 자원을 사용할 수 있는 사람들은 더 물체를 잘 알아차릴 가능성이 있지만 일부 다른 연구들은 그러한 상관관계를 발견하지 못했다고 보고하기도 한다. 즉 더 큰 작업 메모리 용량을 가진 사람들도

---

[199] David L. and William A. Johnston, Driven to distraction: Dual-task studies of simulated driving and conversing on a cellular telephone. Psychological Science, 12(6), 462-466, 2001.

[200] Ira E. Hyman Jr, S. Matthew Boss, Breanne M. Wise, Kira E. McKenzie, and Jenna M. Caggiano, Did you see the unicycling clown? Inattentional blindness while walking and talking on a cell phone. Applied Cognitive Psychology, 24(5), 597-607 2010.

[201] Arien Mack, Inattentional blindness. Cambridge: MIT Press, 1998.

[202] Mika Koivisto, Jukka Hyönä, and Antti Revonsuo, The effects of eye movements, spatial attention, and stimulus features on inattentional blindness. Vision Research 44(27), 3211-3221, 2004.

[203] Dustin P. Calvillo and Russell E. Jackson, Animacy, perceptual load, and inattentional blindness. Psychonomic Bulletin & Review 21(3). 670-675, 2014.

[204] Carina Kreitz, Philip Furley, Daniel Memmert, Daniel J. Simons, Inattentional Blindness and Individual Differences in Cognitive Abilities. PLoS One. 2015 Aug 10:10(8):e0134675.

[205] Anne Richards, Emily M. Hannon, and Nazanin Derakshan, Predicting and manipulating the incidence of inattentional blindness. Psychological Research, 74(6), 513-523, 2010.

예기치 않은 물체나 사건을 발견할 가능성이 없다는 것이다.[206]

이러한 연구결과들에도 불구하고 설문조사 결과 일상생활에서 여전히 대부분의 사람들은 공을 패스하는 선수들 사이를 돌아다니는 고릴라를 알아챌 것이라고 확신한다. 실제로 거의 90%가 고릴라를 발견할 것이라고 믿으며,[207] 전국 설문 조사에서도 78%는 예상치 못한 물체에 대해 자신이 잘 알아차린다고 진술했다.[208] 이렇게 과학적인 연구결과에 대해 사람들이 잘못된 직관과 진술을 하는데 대해 학자들은 우리의 경험이 이러한 오해를 가져온다고 설명한다. 즉 고릴라 실험과 같은 상황은 경험하지 못한 것이지만 일상생활에서는 특정 상황에서 수많은 경험을 통해 예상치 못한 사건들을 알아차리기 때문에 이러한 잘못된 직관을 갖게 되었다는 것이다. 이런 이유로 운전자들은 그들이 휴대폰 통화를 하면서 운전하는 것이 아무 문제가 없다고 믿는 것이다.[209]

그러므로 특히 예상치 못한 사건이 치명적일 수 있는 운전과 같은 상황에서는 휴대전화를 끄거나 손이 닿지 않는 곳에 놓아두어야 할 것이다. 운전 중 전화벨이 울리거나 문자메시지가 오는 것은 거부하기 힘든 유혹이다. 우리가 보고 있는 세상의 모든 사물과 사건들이 자동적으로 우리의 눈

---

[206] Keith Bredemeier and Daniel J. Simons, Working memory and inattentional blindness. Psychonomic Bulletin & Review, 19, 239-244, 2012.

[207] Daniel T. Levin and Bonnie L. Angelone, The visual metacognition questionnaire: A measure of intuitions about vision. The American Journal of Psychology, 121(3), 451-472, 2008.

[208] Daniel Simons & Christopher Chabris, The invisible gorilla, and other ways our intuitions deceive us. New York: Crown, 2010.

[209] David L. Strayer and William A. Johnston, Driven to Distraction: Dual-Task Studies of Simulated Driving and Conversing on a Cellular Telephone, Psychological Science, 12(6), 462-466, 2001.

에 들어오고 관심을 끌 것이라고 생각하지만 사실은 그렇지 않다. 매일 매일 일상생활을 하면서 우리의 눈이 마치 휴대폰 카메라처럼 눈앞에 펼쳐진 모든 장면을 녹화한다고 생각해보자. 일단 휴대폰이 우리 일상생활을 24시간 녹화한다고 해도 메모리 용량이 문제가 될 것이다. 고화질로 녹화할 경우 아마 하루에 몇 테라바이트 메모리가 필요할 것이다. 사람의 뇌 용량 또한 이러한 모든 사물과 사건을 녹화해 두기에는 용량이 부족하다. 따라서 우리의 눈과 뇌는 필요한 것만 선택해서 기록하고 기억할 수밖에 없다. 그러므로 부주의맹은 인간의 삶에서 반드시 필요한 시지각 특징의 하나라고 할 수 있다. 모든 걸 다 보고 모든 것을 기록해둔다면 우리의 뇌는 과부하가 걸려 터져버릴지도 모른다. 이러한 이유로 부주의맹의 실질적인 중요성은 점점 더 많은 관심을 받고 있다.

3

마음보다 눈이 먼저 간다

사물이나 사람에 대해 흔히 '눈길이 간다'던지 '시선이 머문다'고 표현할 때가 있다. 눈길은 말 그대로 눈이 보는 '길'을 의미하는데 어딘가에 눈길을 준다는 얘기는 아무 생각 없이 이뤄지는 행동이 아니다. 정확하게 말하면 시선이나 눈길은 눈이 보고 있는 방향을 의미하는 것이 아니라 눈의 동공 반응이 주의를 기울이고 있는지 아닌지를 의미하는 것이라고 할 수 있다.

눈의 동공은 밝으면 수축하고 어두우면 팽창한다. 이러한 빛에 대한 동공의 반응은 천 년 이상 연구되어 왔지만[210] 그동안 이는 인지적 요소가 없는 낮은 수준의 자동반사와 같은 것이라고 여겨져 왔다. 그러나 최근의

---

[210] Irene E. Loewenfeld, Mechanisms of reflex dilatation of the pupil. Documenta Ophthalmologica, 12 (1), 185-448, 1958.

연구들은 동공의 빛 반사반응(Pupillary Light Reflex, PLR, 이하 동공 빛반응)이 반사적인 반응 그 이상이며, 사람들이 무엇을 보고 어떻게 생각을 하는지 드러낸다는 사실을 보여주고 있다.[211]

동공 빛반응은 자극의 밝기뿐만 아니라 자극에 대해 인지하고 있는지, 자극에 주의를 기울이고 있는지, 심지어 그것에 대해 생각하고 있는지에 따라 달라진다. 예를 들어 동공 빛반응과 눈동자의 움직임을 준비하는 것은 연관이 되어 있는데 밝은 자극을 보려고 할 때 눈동자가 움직이기 전에 이미 동공 수축의 준비과정이 있다는 것을 발견했다.

쉽게 설명하면 동공은 실제 밝기뿐만 아니라 지각된 밝기에 반응한다. 예를 들어 태양 사진과 실내장면 사진이 있다면 동공은 태양 사진에 더 강한 동공 수축반응을 보이며 놀랍게도 어떤 시각적 자극 없이 태양을 상상하는 것만으로도 동공 수축을 가져온다.[212] 즉 빛반응은 눈으로 들어오는 빛의 양에 의해서만 움직이는 것이 아니라 높은 수준의 정신적 상상과도 관련이 있다.

동공 빛반응의 인지적 효과를 처음으로 보여준 연구는 두 눈의 양안 경쟁 연구이다. 양안 경쟁은 두 개의 다른 자극이 각각의 눈에 비춰주는 실험을 통해 밝혀졌다.[213] 한쪽 눈에 빛을 쏘이면 다른 쪽 눈의 동공도 함께 수

---

[211] Sebastiaan Mathôt and Stefan Van der Stigchel, New Light on the Mind's Eye: The Pupillary Light Response as Active Vision, Current Directions in Psychological Science Vol. 24(5) 374-378, 2015.

[212] Bruno Laeng and Unni Sulutvedt, The eye pupil adjusts to imaginary light, Psychological Science, 25(1), 188-197, 2014.

[213] Marnix Naber, Stefan Frässle, and Wolfgang Einhäuser, Perceptual rivalry: Reflexes reveal the gradual nature of visual awareness. PLoS ONE, 6(6), e20910, 2011.

축하는데[214] 두 개의 자극이 완전히 달라 하나로 합쳐질 수 없을 때에는 시각적 인식은 좌우 두 개의 눈 사이를 왔다 갔다 한다.(자신의 코를 눈으로 바라보면 이러한 양안 경쟁 현상을 경험할 수 있다. 비록 당신의 두 눈이 다른 각도에서 코를 보더라도 의식적으로 한 개의 각도에서 코를 인지하게 될 것이다.)

이처럼 동공 빛반응은 시각적 주의(attention)를 반영한 결과이다. 우리는 항상 여러 개의 물체들을 함께 바라본다. 예를 들어 컴퓨터로 문서를 작성하면서 모니터를 바라보지만 동시에 우리 눈은 책상 위에 놓인 커피잔이나 키보드를 바라볼 수 있다. 사람의 눈은 보이는 모든 것을 모두 처리하는 것이 아니라 선택적으로 몇 개의 물체만 동시에 처리한다. 만약 어떤 하나의 물체에 주의를 기울이면 우리는 그 물체에 더 빨리 반응하고 보다 명확하게 인식한다.[215] 중요한 것은 빛이 동공을 통해 눈에 들어오면서 동공 반응이 일어나기 전 상태에서도 주의가 시각에 영향을 미치는가 하는 것이다.

밝은 이미지와 어두운 이미지가 반반씩 구분된 실험자극을 바라보는 동공 빛반응 실험에서 참가자들은 목표 자극이 화면에 나타나기 전 목소리 신호를 이용해 오른쪽 혹은 왼쪽이라는 목표 위치를 지정해주고 시선을 측정해보았다. 그 결과 참가자들은 이 목소리 정보를 사용해 시각적 대상의 위치를 예측하고 그들의 시선을 옮기는 것을 발견했다.[216)217] 이 실험들은

---

[214] 이를 공감동공반응이라 한다.
[215] Marisa Carrasco, Visual attention: The past 25 years. Vision Research, 51(13), 1484-1525. doi:10.1016/j.visres.2011.04.012, 2011.

우리가 사물을 직접 보지 않더라도 만약 주의를 기울인다면 우리의 동공이 그 물체에 적응한다는 것을 보여준다. 또한 동공 빛반응은 눈의 움직임이 없어도 주의의 반사적인 이동에 의해서도 영향을 받는다. 예를 들어 컴퓨터 모니터를 바라보고 있을 때 손가락으로 은밀하게 키보드를 누르거나 할 때도 동공 빛반응이 나타날 수 있다. 이러한 현상은 물체의 위치 뿐만 아니라 색상이나 형태 등에도 적용될 수 있다. 예를 들어 빨간색 책을 찾으며 책장에 접근한다면 우리는 빨간 책에만 주목하게 된다.

요약하면 동공 빛반응은 단순한 반사 현상이 아니라 인간의 정신 상태를 정확하게 반영하며 동공의 수축과 확장을 통해 관심의 정도를 알 수 있다는 것이다. 이것이야 말로 진정한 마음의 눈이라고 할 수 있다.

---

[216] Paola Binda, Maria Pereverzeva, and Scott O. Murray, Attention to bright surfaces enhances the pupillary light reflex. Journal of Neuroscience, 33(5), 2199-2204, 2013.

[217] Sebastiaan Mathôt, Lotje van der Linden, Jonathan Grainger, and Françoise Vitu, The pupillary response to light reflects the focus of covert visual attention. PLoS ONE, 8(10), e78168, 2013.

6장

눈은 생각의 반영

소개팅에서 만날 사람에 대한 시선분포
시선이 산만하다는 것, 장애 혹은 천재

눈은
알고
있다

"반려견들은 눈빛만으로도
주인의 행동을 예측하고 감정을 이해한다"

Dog Knows: Learning How to Learn from Dogs, Harper Collins, 2021.

1
소개팅에서 만날 사람에 대한 시선분포

흔히 흐릿하고 생기가 없어 보이는 사람의 눈을 속되게 이르는 표현으로 '썩은 동태눈' 같다고 칭한다. 사실 얼린 명태를 칭하는 이 표현에서 동태는 아무 죄도 없이 멍청한 눈의 대명사가 되어 버렸다. 반면 이와 반대로 '눈이 초롱초롱하다'는 표현은 눈이 빛나게 밝고 맑은 모양을 뜻하는데 똑같은 사람 눈을 두고 이처럼 두가지 극단적인 표현이 있다는 건 눈이 그만큼 사람의 정신 상태를 반영(물리적, 심리적으로)하기 때문이 아닐까.

결혼을 위한 정보클럽에 가입해 주말마다 소개팅을 한다고 가정하자. 결혼정보회사에서 보내온 회원들의 프로필을 볼 때 사람들은 각자가 원하는 핵심 정보 중심으로 시선이 이동한다는 실험 결과가 있다. 한 조사에서 남녀 참가자들에게 '지금부터 회원으로 가입한 이성들의 프로필들을 보여줄 텐데, 이 중에서 만나볼 사람을 선택하기 바랍니다'라는 과제를 주었다. 그리고 5초마다 한 장씩 프로필을 넘겼을 때의 눈의 움직임을 시선추적 장치로 측정한 결과 남성 참가자들은 여성의 얼굴과 신체조건을 주로 보고 판단한 반면, 여성 참가자들은 남성의 외모와 직업, 연봉 등의 정보를 주로 보았다.[218] 이처럼 실험참가자들은 5초라는 짧은 시간 안에 각자가 핵심적으로 생각하는 정보로 시선을 이동하며 이는 성별, 나이 등에 따라 달랐다.

이같은 탐색 목적에 따른 시선의 변화는 사실 오래전부터 연구되어 온 분야 중 하나다. 1967년 야버스(Yarbus)가 수행한 시선추적 실험은 초기 시선추적 연구의 대표적 사례로 사람들의 시선이 의도와 목적에 따라 다르게 반응한다는 것을 보여준다.

야버스[219]는 현대 시선추적 장치의 원형을 제공한 시지각 연구의 창시자라고 할 수 있다. 실험심리학을 공부하는 거의 모든 학생들은 그의 이름을 알 정도로 유명하고 1965년 러시아어로 출판되고 1967년 영어로 번역된 그의 책 "눈의 움직임과 비전"[220]은 안구운동과 시지각 연구에 지대한 영향을 끼쳤다.[221] 그는 많은 시행착오 끝에 시선 추적을 위한 다양한 장치를 개발했으며 이를 이용해 많은 연구결과들을 제시한 바 있다.

---

[218] Brain&Research, https://bnr.co.kr/ accessed 2022.12.21.
[219] Alfred Lukyanovich Yarbus
[220] Alfred Yarbus. Eye Movements and Vision. New York: Plenum Press; 1967.
[221] Benjamin W. Tatler, Nicholas J. Wade, Hoi Kwan, John M. Findlay, and Boris M. Velichkovsky, Yarbus, eye movements, and vision. Iperception. 1(1), 2010.

그가 시도한 유명한 한 실험은 화가 레핀(Repin)의 '예기치 못한 손님 (Unexpected Visitor)'이라는 그림을 보여주며 그림 안 사람들의 나이, 성격, 외모 등을 짐작해보라고 요청한 뒤 참가자들의 시선 움직임을 관찰한 것이다.

이 과제들은 아래와 같이 일곱가지로 다르게 구성되었다.

1은 '자유롭게 보라'
2는 '가족의 물질적(경제적) 상황을 추정해 보라'
3은 '사람들의 나이를 짐작해 보라'
4는 '이 방문자가 오기 전에 가족들이 뭘 하고 있었는지 추측해보라'
5는 '사람들이 입고 있는 옷을 기억하라'
6은 '방안의 사람들과 물체들의 위치를 기억해 두라'
7은 '방문자가 얼마나 오랫동안 떨어져 있었는지를 추정해 보라'

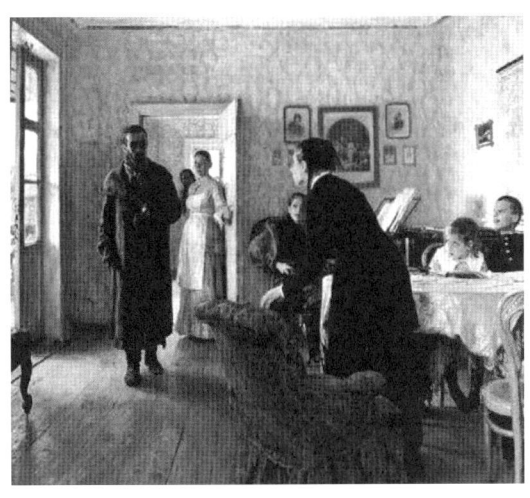

그림 8 Repin의 '예기치 못한 손님 Unexpected Visitor'

60년 전에 이뤄진 이 실험은 컴퓨터가 없던 시절인데도 시선추적 장치를 직접 개발해 이뤄졌다는 점에 큰 의의가 있다. 과학적 장비를 사용해 피험자들의 눈 움직임을 관찰한 결과 자유롭게 볼 때에는 등장인물들의 얼굴과 방문자의 옷차림 등을 유심히 본다는 것을 알 수 있으며 2번 질문인 경제력에 대해서는 방 안의 가구를, 3번 질문인 사람들의 나이를 판단할 때는 얼굴에 주로 시선이 간다고 분석하고 있다. 이처럼 60년이 지난 현재의 과학적 실험결과들도 이 실험 결과와 마찬가지로 우리의 눈이 무의식적으로 어떤 의도를 갖고 사물을 보느냐에 따라 눈의 움직임이 달라진다고 분석하고 있다. 시선은 단순히 시각 정보만을 의미하는 것이 아니라 우리의 생각과 의도를 반영하고 있는 것이다.

2

시선이 산만하다는 것, 장애 혹은 천재

    ADHD(주의력결핍 과다행동장애)[222]는 세계 아동들의 약 6%에서 나타나는 흔한 주의력 장애이다. 수십 년 동안 객관적인 지표를 찾았지만 ADHD 진단은 여전히 설문지, 인터뷰 및 주관적 관찰을 기반으로 한다. 한 연구진들은 시선추적장치로 가상현실 게임을 하는 아동들의 안구 움직임을 통해 ADHD 증상을 평가할 수 있는 방법을 개발했다.[223] 이에 따르면 ADHD 아동들의 시선은 한 지점에서 다른 지점으로 더 빠르게 그리고 자주 이동했다. 즉 말 그대로 시선이 산만하다고 할 수 있다.

---

[222] attention deficit hyperactivity disorder

[223] Liya Merzon, Kati Pettersson, Eeva T. Aronen, Hanna Huhdanpää, Erik Seesjärvi, Linda Henriksson, W. Joseph MacInnes, Minna Mannerkoski, Emiliano Macaluso, and Juha Salmi, Eye movement behavior in a real-world virtual reality task reveals ADHD in children. Scientific Reports 12(1), 20308, 2022.

그러나 이 같은 시선의 산만함이 반드시 ADHD 증상을 의미하는 것은 아니다. 시선은 사고의 반영이므로 시선이 산만하다고 해서 사고가 산만하다고 봐야 할 것인가. 어떤 연구들은 창의적인 사고가 이같은 산만하고 분산적인 시선과 관련이 있다고 보고하고 있다. 창의성은 참신하고 유용한 아이디어나 제품을 만들어내는 능력을 일컬으며, 문제해결 능력과 인지 능력, 사회적-정서적 관계, 그리고 학업과 같은 성공의 중요한 요소로 간주 된다.[224] 또한 창의성은 사회를 발전시키는 상당한 가치를 지닌 사회 구성원으로서의 핵심 역량으로 간주 되어 왔다.[225]

의도적인 사고와 눈의 움직임은 관련이 있지만 이러한 다양한 사고 과정이 눈의 움직임에 어떤 영향을 미치는지는 잘 연구되지 않았다. 많은 연구자들이 시선추적 방법을 통해 인간의 의도적인 사고와 눈의 움직임이 연결되어 있다는 것을 보여주었는데 인간의 시선 패턴은 수렴(convergence)과 발산(divergence), 혹은 집중과 분산이라는 두가지 다른 솔루션 전략을 반영한다고 설명한다.[226]

원래 수렴과 발산이라는 상반된 개념은 인간의 사고방식이나 인지과정을 연구하는 과정에서 발견되었다. 수렴적 사고(Convergent Thinking, CT)와 발산

---

[224] Jonathan A. Plucker, Ronald A. Beghetto & Gayle T. Dow, Why Isn't Creativity More Important to Educational Psychologists? Potentials, Pitfalls, and Future Directions in Creativity Research. Educational Psychologist. 39(2), 83-96, 2004.

[225] Emanuel Jauk, Mathias Benedek, Beate Dunst, and Aljoscha C. Neubauer, The relationship between intelligence and creativity: new support for the threshold hypothesis by means of empirical breakpoint detection. Intelligence 41(3), 212-221, 2013.

[226] Marcel A. Just, & Patricia A. Carpenter, Cognitive coordinate systems: accounts of mental rotation and individual differences in spatial ability. Psychological review, 92(2), 137-72, 1985.

적 사고(Divergent Thinking, DT)는 인간 사고의 두 가지 기본 유형으로 서로 다른 인지과정을 수반한다.[227] 발산적 사고와 수렴적 사고는 창의적 아이디어의 생성에 관련되어 있는 두 가지 사고방식을 의미[228]하는데 특히 발산적 사고(DT)는 창의성의 핵심 요소이며 문제에 대해 가능한 한 많은 답을 만들어내는 개인의 능력으로 간주 된다. 이로 인해 심리학 분야에서는 사람들의 창의성을 평가하기 위해 발산적 사고를 측정하는 과제가 오랫동안 사용되어왔으며[229], 발산적 사고 검사는 창의성 연구 분야에서 가장 보편적인 측정 도구가 되었다.[230]

수렴적 사고는 폐쇄적 문제에 대한 단일 해결책을 찾기 위해 주로 연역적 추론을 사용하는 반면, 발산적 사고는 개방형 문제에 대한 다수의 대안적이고 독창적인 해결책을 만들어내는 사고의 유형이다.[231] 즉 수렴적 사고는 하나의 정답을 생각해야 하지만, 발산적 사고는 가능한 더 많은 답들을 생각해내야 한다. 발산적 사고를 잘하는 사람은 창의력이 높을 수 있는데 이것이 반드시 일상생활에서 창의적이라는 것을 의미하는 것은 아니다. 이

---

[227] Joy Paul Guilford, The Nature of Human Intelligence, New York, NY: McGraw-Hill, 1967.

[228] Mark Runco & Garrett Jaeger, The standard definition of creativity, Creativity Research Journal, 24(1), 92-96, 2012.

[229] Emam Moustafa Sayed and Ahmed Hassan Hemdan Mohamed, Gender differences in divergent thinking: use of the test of creative thinking-drawing production on an Egyptian sample, Creativity Research Journal 25(2), 222-227, 2013.

[230] Selcuk Acar and Mark A. Runco, Assessing associative distance among ideas elicited by tests of divergent thinking, Creativity Research Journal 26(2), 229-238, 2014.

[231] Sharon Zmigrod, Leor Zmigrod and Bernhard Hommel, Zooming into creativity: individual differences in attentional global-local biases are linked to creative thinking, Frontiers in Psychology, Sec. Cognition Volume 6, October 2015.

두 가지 상이한 사고 과정은 상호 양립할 수 없지만 그렇다고 서로 반대되는 것은 아니다.[232] 즉, DT와 CT는 별개의 사고방식이지만 공존할 수도 있다. 창의성과 지능의 관계에 대한 연구결과는 DT와 CT 사이에 긍정적인 연관성을 보였다.[233] 반면 발산적 사고와 수렴적 사고 사이의 생리학적 차이를 평가하기 위해 뇌파 및 안구 추적 실험을 한 결과 통계적으로 유의하지 않다는 결과도 있다.[234]

수렴적 사고와 발산적 사고라는 두가지 다른 사고 과정과 눈의 움직임의 관계를 고찰한 연구들이 있다. 시선 추적실험 결과 눈의 움직임은 발산적 사고의 참가자들이 수렴적 사고의 참가자들보다 더 상세하고 분산된 시각적 스캐닝 패턴을 가지고 있음을 확인할 수 있었다.[235] 또한 발산적 사고와 수렴적 사고에 있어 눈의 움직임에 어떤 차이가 있는지 그 움직임 패턴이나 응시 및 눈 깜빡임 비율의 차이에 대한 연구들도 나오고 있다. 이 가운데 분당 평균 눈 깜빡임 속도가 사고 과정을 예측할 수 있다는 결과가 있다. 즉 사람의 눈 깜빡임 속도를 알면 그 사람이 현재 발산적 사고를 하는지 수렴적 사고를 하는지 알 수 있다는 것이다. 나아가 눈 깜빡임 속도는

---

[232] Soghra Akbari Chermahini and Bernhard Hommel, Creative mood swings: divergent and convergent thinking affect mood in opposite ways. Psychological Research 76(5), 634-640, 2012.

[233] Robert Sternberg and Linda O'Hara, "Creativity and intelligence" in Handbook of Creativity ed. Sternberg R. J. (Cambridge, MA: Cambridge University Press) 251-272, 1999.

[234] Alessandro Laspia, Francesca Montagna & Peter Törlind, "Contrasting Divergent and Convergent Thinking by Electroencephalography and Eye Tracking" In: Chakrabarti, A. (eds) Research into Design for a Connected World. Smart Innovation, Systems and Technologies, vol 134. Springer, Singapore, 2019.

[235] Saurabh Maheshwari, Viplav Tuladhar, Tsering Thargay, Pallavi Sarmah, Palakshi Sarmah & Kushal Rai, Do our eyes mirror our thought patterns? A study on the influence of convergent and divergent thinking on eye movement. Psychological Research 86, 746-756, 2022.

인간의 다양한 감정이나 동기 등과도 관련이 있다고 한다.[236]

또한 안구운동에서 수렴적 사고와 발산적 사고의 역할을 고찰한 결과 발산적 사고보다 수렴적 사고 중에 물체에 더 집중한다는 것이 밝혀졌다. 시선추적 연구 분야는 인간의 인지 처리에 대한 통찰력을 얻는 데 도움이 되고 있지만 아직까지 이러한 상이한 사고 과정과 시지각과의 관계를 밝히는 것은 초기 단계이며 시선을 통해 생각을 어떻게 읽을 수 있는지 이해하는 다양한 연구들이 시도되고 있다.[237]

---

[236] Akbari Chermahini & Berhnhard Hommel, Creative mood swings: Divergent and convergent thinking affect mood in opposite ways. Psychological Research, 76(5), 634-640, 2012.

[237] Elizabeth R Grant, Michael J Spivey, Eye movements and problem solving: Guiding attention guides thought. Psychological Science, 14(5), 462-466, 2003.

7장 몰래 보기와 엿보기

두 눈이 앞쪽에 달려있는데 곁눈으로 보는 사람
엿보기와 몰카(Spying Eye)

눈은
알고
있다

"Pupils never lie"

눈동자는 절대 거짓말을 하지 않는다

The Global Deception Research Team(2006)

1
두 눈이 앞쪽에 달려있는데 곁눈으로 보는 사람

 인간은 왜 물고기나 동물들처럼 눈이 옆에 달려있지 않고 앞에 달려있는 것일까. 유인원들도 우리와 비슷하게 앞에 달려있는데 이렇게 양 눈이 앞으로 향해 있으면 어떤 이점이 있길래 오랜 기간 동안 이렇게 진화해왔을까.

 이렇게 얼굴의 앞쪽에 눈이 달린 것에 대해서는 두 가지 설명이 있다. 첫째는 시각 사냥꾼 설로, 초기 영장류들이 나무 위를 기어 다니는 벌레를 정확히 잡으려면 눈이 앞쪽에 있는 편이 유리했다는 설이다.[238] 눈이 앞쪽에 있으면 원근감이 향상되어 입체적인 상을 더욱 뚜렷하게 함으로써 자신

---

[238] Matthew Cartmill, Rethinking Primate Origins: The characteristic primate traits cannot be explained simply as adaptations to arboreal life. Science Vol 184, Issue 4135 pp. 436-443, Apr 1974.

과 먹잇감과의 거리 측정이 정확해진다는 것이다. 둘째 가설은 나뭇가지 위를 뛰어서 돌아다니는 영장류들은 단지 바라보는 것만으로 건너편 나뭇가지의 크기와 단단한 정도, 거리를 정확하게 측정해야 했기 때문에 눈이 머리 앞쪽으로 진화했다는 것이다.[239] 이 두 이론은 모두 사물과의 정확한 거리를 측정하기 위해서라는 점에서 비슷하며 이는 인류가 창을 던지거나 활을 쏘아 동물들을 사냥할 때 장점이 되어 지금까지 인류가 살아남게 되었다는 설명이 가능하다.

또한 사람은 대부분의 고등생물처럼 눈이 두 개인데 이 또한 거리감과 입체감을 느끼게 해주는 장점이 있다. 파충류나 양서류 중에 세 번째의 눈을 갖고 있는 생명체가 있긴 하지만 곤충이나 거미, 어류 이상의 고등생물들도 눈이 두 개다.[240] 만약 눈이 한 개라면 거리 감각이 없어지므로 동물들은 2개의 눈으로 사냥감과의 거리를 정확하게 인지하는 입체시가 중요할 수밖에 없다. 반대로 맹수의 먹잇감이 되지 않기 위해 도망을 가야 하는 동물들은 넓은 시야가 중요하기 때문에 양쪽을 넓게 볼 수 있도록 눈이 얼굴의 측면에 달린 경우가 많다.[241] 말은 눈이 머리의 양옆에 위치하여 볼 수 있는 시야각의 범위가 350도에 이를 정도로 넓어서 뒤에 있는 사물도 빨리 인지할 수 있다. 물고기들도 눈이 대부분 머리의 양쪽에 달려있어 한쪽 눈

---

[239] Robert Martin, How We Do It: The Evolution and Future of Human Reproduction, Basic Books, 2013.
[240] 깡충거미(Jumping Spider)는 뒤통수에도 눈이 달렸으며 총 8개의 눈을 갖고 있다. 대부분의 조류는 눈이 양옆에 달려 있어 전면에 장애물이 갑자기 나타나면 거리감을 감지하기 어려워 유리충돌 사례가 발생한다.
[241] 임찬영, 사람 눈은 왜 앞에 달렸을까?, 헬스조선 칼럼, 2007. 11.9.

으로 180도의 시야까지 볼 수 있으며 양 쪽 눈으로 볼 때는 360도를 볼 수 있다. 이러한 물고기 눈의 특성을 본 딴 렌즈의 이름이 어안(魚眼, 물고기 눈)렌즈로 360도로 넓게 사물을 볼 수 있다.

이렇게 인간은 분명 눈이 앞에 두 개 달려있는데 앞을 보지 않고 눈을 옆(곁)으로 굴려서 쳐다보는 행위를 일상생활에서 빈번하게 한다. 이러한 행위를 곁눈질이라 칭하는데 국어사전에서는 곁눈을 얼굴을 돌리지 않고 눈알만 옆으로 굴려서 보는 눈으로 정의하고 있다. 또한 곁눈질은 훔쳐보거나 보고서도 보지 않은 척하는 행동을 가리킨다. 이러한 이유로 평소 사람을 볼 때 똑바로 쳐다보지 않고 곁눈질로 흘끔거리며 쳐다보는 사람은 부정적이거나 음흉한 사람으로 간주하는 경향이 있다.

곁눈과 비슷한 단어로 짝눈도 있다. 짝눈으로 본다고 하면 양쪽 눈의 시력 차이가 심한 눈 혹은 모양이나 크기가 다른 눈을 의미하나 이 또한 부정적인 어감으로 사용될 때가 많다. 그러나 대부분의 사람들은 짝눈이다. 우리는 세상을 두 눈을 똑같이 사용해서 공평하게 보는 것이 아니라 반드시 우세안을 갖고 세상을 본다. 본인이 갖고 있는 두 개의 눈 가운데 어떤 쪽 눈이 우세안인지 알려면 간단한 실험을 해보면 된다.

종이 한 장을 준비해 X자를 쓴 다음, 작은 구멍이 뚫린[242] 디스크(CD)를 준비해 손에 들고 팔을 쭉 뻗은 상태에서 두 눈을 모두 뜨고 구멍을 통해 아래에 그려진 X표를 계속 바라보면서 디스크를 얼굴 가까이로 당긴다. 이

[242] 영어로는 peeping hole, 엿보기 구멍 정도로 번역된다.

과정에서 어느 쪽 눈으로 X자를 보는지 알게 되는데 그것이 바로 자신의 우세안이다. 이처럼 우리는 두 눈으로 똑같이 세상을 보고 있는 것이 아니라 사실은 한쪽 눈으로 치우친 시각으로 세상을 바라본다. 또한 질병 등으로 우세안 쪽 눈을 다치거나 시력이 안 좋아지면 다른 쪽 눈으로 번갈아가면서 우세안이 바뀌기도 한다. 이러한 짝눈에서 들어오는 시각적 자극을 우리의 대뇌에서 알아서 해석해서 처리해주므로 우리는 아무 불편함을 느끼지 못하고 적응하게 된다.

2

엿보기와 몰카
(Spying Eye)

　어쩌면 아무 생각 없이 바라보는 시선 하나가 이 세상의 누군가를 다치게 하고 죽게 할 수도 있다. 그저 얼굴에 달린 두 눈으로 바라볼 뿐인데. 1973년 영국의 페미니스트 영화학자이자 비평가인 멀비(Laura Mulvey)는 영화잡지에 발표한 글[243]에서 남성의 시선(Male Gaze)이 어떻게 여성을 다치게 하는가라는 문제를 제기했다. 영화 이론에서 등장한 이 용어(Male Gaze)에 대해 여성학자들은 남성의 시선에 대한 기대만으로도 여성들은 정신 건강에 해로운 영향을 받을 수 있으며 주의력 결핍, 불안, 불만족 등에 빠질 수 있다고 평가했다. 멀비는 성적 불균형을 오랫동안 유지해온 이 세상에서 외

---

[243] Laura Mulvey, Visual Pleasure and Narrative Cinema, Written in 1973 and published in 1975 in Screen, Volume 16, Issue 3, pp 6-18, Autumn 1975.

모를 보는 관점이 남성은 능동적, 여성은 수동적으로 나뉘었으며, 남성의 시선은 그 환상을 여성의 모습에 투영하고, 그에 따라 여성의 스타일이 결정된다고 지적했다. 왜 여성의 시선(Female Gaze)은 남성 시선의 반대가 아니라 남성에게 투영된 객체로 받아들여지는가. 남성과 여성의 시선은 왜 사회적으로 동등하지 않고 남성이 여성을 어떻게 보느냐에 따라 정의되는가. 여대생을 대상으로 한 연구에서 남성의 시선을 기대하는 것이 여성의 시선을 기대하는 것보다 훨씬 큰 신체 수치심과 외모 불안감을 유발하는 것으로 나타났다.[244]

이러한 남성의 시선을 상징하는 용어로 'Peeping Tom'을 들 수 있는데 직역하면 '엿보기 좋아하는 사람' 혹은 호색가를 뜻한다. 11세기 초 영국 중서부 코벤트리(Coventry) 지역의 영주인 레오프릭(Leofric) 백작이 주민들에게 가혹할 정도로 높은 세금을 부과하자, 주민들의 원성을 전해들은 영주의 부인 고디바(Lady Godiva)가 영주에게 세금을 낮춰달라고 요청했다. 영주는 부인의 부탁을 거절하면서 알몸으로 말을 타고 성내를 한 바퀴 돈다면 낮춰주겠다고 농담으로 응답했는데 고디바는 실제로 그렇게 하겠다고 하면서 주민들에게 자신이 알몸으로 말을 타고 달리는 동안 모두 집 안에 들어가 문을 잠그고 창문을 가릴 것을 요청했다. 그러나 고디바 부인이 알몸으로 말을 타고 달리는 걸 집 안에서 몰래 엿본 Tom이라는 남자가 있었는데 이를 빗

---

[244] Rachel M. Calogero, A Test of Objectification Theory: The Effect of the Male Gaze on Appearance Concerns in College Women, Psychology of Women Quarterly 28(1), 16-21, March 2004.

대어 Peeping Tom은 무엇인가를 몰래 훔쳐보는 관음증 환자의 대명사가 되었다.

그림 9 Lady Godiva, 1898, painting by John Collier

이 유명한 이야기를 본 따서 1926년 벨기에에서 초콜릿 업체 〈고디바〉가 등장했으며 세계적인 초콜릿 재벌로 성장했다. 이것이 이 초콜릿이 말을 타고 있는 고디바 부인을 로고로 쓰는 이유이다.

이처럼 세기를 막론하고 어느 사회에서나 다른 사람을 몰래 훔쳐보거나 성적인 도착증으로까지 발전해 관음증 환자가 되는 사람이 있어 왔다. 이제는 대중매체는 물론 유튜브나 1인 미디어 등이 관음증을 부추기는 시대가 되었다. 심지어 24시간 일상을 생중계하는 관찰 예능이 나타났으며 관음증을 부추기는 프로그램들이 넘쳐나고 있다.[245]

1981년 데뷔한 방송인 이경규는 연예계에서 지상파방송 3사의 연예대상을 모두 수상한 트리플 크라운 달성자이자, 1990년대·2000년대·2010년대에 걸쳐 연예대상을 수상한 유일한 예능인이다. 그를 이렇게 만들어준 것이 바로 몰래카메라 코너였다. 속칭 몰카는 시청률 70%를 넘길 정도로 선풍적 인기를 끌었지만 다른 한편으로는 몰카의 희생양이 발생하는 것이 특징이다. 이런 이유로 부활한 몰카 프로그램들은 혹평과 함께 나쁜 방송으로 선정되기도 했다.

몰래카메라는 촬영을 당하는 사람이 촬영을 당한다는 사실을 모르기 때

---

[245] 동아TV에서 방송했던 '고디바 SHOW'는 프로그램명도 고디바부인을 본따 작명했다. 12명의 남녀 출연진 합숙을 24시간 생중계하는 관찰예능 프로그램이다.

문에 문제가 되며 스마트폰의 대중화로 최근에는 범죄행위로 인식되고 있다. 한국여성정책연구원 설문조사에 따르면 몰카 영상 유포 피해자의 45.6%가 자살을 생각했고 이 중 19.2%는 실제로 자살을 시도했다고 한다.[246]

특히 성적인 몰카는 N번방 사건에서 드러나듯 수많은 성 착취는 물론 청소년에 대한 관음증의 증가 등 다양한 성범죄를 키우고 있다. 관음증은 성적인 도착증으로 나체나 성행위에 관련된 사람을 관찰하고 이와 관련된 행동과 환상에 빠지는 질병으로 정의된다. 단순히 호기심 어린 시선으로 인해 몰래 혹은 곁눈으로 상대방을 쳐다보는 행위가 자라나서 이처럼 관음증으로까지 발전되고 이것이 신체적 또는 정신적인 피해를 줄 수 있다는 것을 알아야 한다.

일반적으로 관음증 같은 질병은 18세 이전에 형성돼 20대 중반에 서서히 나타나는 것으로 알려져 있다. 이 과정에서 인터넷과 모바일 미디어의 발달로 청소년들이 유해한 영상이나 사진 등에 쉽게 노출되는 환경이 만들어지는 것이 가장 큰 원인을 제공하고 있다. 따라서 어릴 때부터 사물을 제대로 바라보는 시선 교육을 하지 않으면 결국 약물을 이용하는 치료나 행동 치료를 시행할 수밖에 없는 지경에 이르는 것이다. 그러니 사물을 몰래 보거나 곁눈으로 보는 행위를 고치는 것은 매우 사소한 것 같아도 사회적으로 적절한 상호 관계를 맺을 수 있도록 하는 가장 중요한 시지각 과정이라 할 수 있다.

---

[246] 한국여성정책연구원, 2019년 성폭력 안전 실태조사 결과 보고서.

8장

예쁜 얼굴이란

마음이 아니라 눈으로 보아야 아름답다
마스크를 쓰면 과연 잘 생겨 보일까

눈은
알고
있다

"셀카를 찍을 때 몸의 왼쪽 편을 앞으로 내밀고
왼쪽 눈에 초점을 맞추고 찍는 이유는 영상처리를
우뇌가 담당하기 때문이다"

Bruno & Bertamini, PLoS One(2019)

1
마음이 아니라 눈으로 보아야 아름답다

   중국이나 이집트 등 수천년 동안의 역사를 가진 문명의 발상지에서 역사상 가장 아름다운 미인들을 3대 미인이니 4대 미인이니 하면서 지칭하는 사례들이 있다. 그러나 이러한 미인들의 실제 초상화가 전해지지 않아 알 수는 없으나 조선시대 화가 신윤복의 미인도를 보면 현대의 우리가 흔히 기대하는 그런 얼굴과 몸매가 아님을 알 수 있다.

   특히 성형기술의 발달로 우리 신체의 모든 부분을 고칠 수 있게 된 요즘에는 우스갯소리로 강남에 돌아다니는 여성들의 얼굴만 봐도 어느 병원에서 성형을 했는지 알 수 있다고 할 정도로 미인의 기준이 정형화되고 있다.

인간은 태어나서부터 성장하는 동안 본능적으로 다른 사람들의 얼굴을 인식하고, 처리하고, 정보를 얻는 능력이 발달되어 있기 때문에 인간의 얼굴에 큰 관심을 가지고 있다.[247] 얼굴의 매력은 특히 여성의 경우 경제적 신분의 상승에 영향을 미치며,[248] 데이트를 더 많이 하는가 하면[249] 매력적인 사람들과 데이트할 때 만족도도 높아진다는 결과들이 있다.[250] 심지어 얼굴이 매력적인 사람은 사회적으로도 더 호의적인 대우를 받는 것으로 나타나며 일자리에 고용되어 승진할 가능성도 높다.[251]

여성의 전반적인 매력을 평가하기 위해 남성에게 여성의 얼굴과 몸매를 평가하도록 요청한 시선 추적 연구들은 여성의 얼굴을 몸보다 더 본다고 평가했다.[252] 이런 이유로 여성들은 젊은 시절에 얼굴과 신체 성형을 진지하게 고민하며, 가볍게는 쌍꺼풀 시술부터 심각하게는 턱을 깎아내는 양악수술까지 시도하게 된다. 물론 나이가 든 사람이나 남성들도 요즘에는 성형에 도전하는 사람이 늘고 있다.

---

[247] Anthony Little, Facial attractiveness. Wiley Interdisciplinary Reviews- Cognitive Science 5(6), 621-634, 2014.

[248] Glen H. Elder, Appearance and education in marriage mobility. American Sociological Review 34(4), 519-533, 1969.

[249] Ronald E. Riggio and Stanley B. Woll, S., The role of nonverbal cues and physical attractiveness in the selection of dating partners. Journal of Social and Personal Relationships 1(3), 347-357, 1984.

[250] Ellen Berscheid, Karen Dion, Elaine Walster, and G. William Walster, Physical attractiveness and dating choice: a test of the matching hypothesis. Journal of Experimental Social Psychology 7(2), 173-189, 1971.

[251] Randy K. Chiu & Richard D. Babcock, The relative importance of facial attractiveness and gender in Hong Kong selection decisions. The International Journal of Human Resource Management 13(1), 141-155, 2002.

[252] April Bleske-Rechek, Carolyn M. Kolb, Amy Steffes Stern, Katherine Quigley, and Lyndsay A. Nelson, Face and body: independent predictors of women's attractiveness. Archives of Sexual Behavior 43(7), 1355-1365, 2014.

강남을 비롯한 주요 성형외과의 고민은 어떤 것이 아름다운 얼굴과 몸인가 하는 기준을 소비자 눈높이에 맞추는 것이다. 아름다움이란 것은 주관적이며 사람마다. 문화권마다 다를 텐데 어떤 기준으로 고객의 만족도를 높여야 할까. 의사 입장에서는 환자가 찾아와서 완벽한 얼굴이나 가슴, 혹은 몸매를 만들어달라고 할 때 이들이 원하는 가슴이 무엇인지 상담이나 설문을 통해 파악하는 것이 보편적이다.

폴란드의 한 성형외과팀은 시선추적 기술을 이용해 사람들이 원하는 완벽한 가슴의 조건을 밝힌 바 있다.[253] 이 연구팀은 남성 50명과 여성 50명이 가슴 사진을 볼 때 어디를 보는지 시선추적 장치를 사용해 분석했다. 이 연구팀은 가슴 부위를 아래와 같이 세분화하고 가슴의 유형도 8가지로 세분화하여 참가자들에게 제시하고 어디를 어떻게 보는지 측정했다.

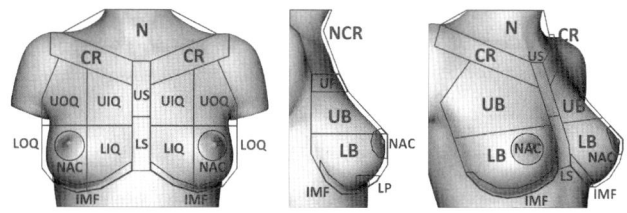

[253] Piotr Pietruski, Wiktor Paskal, Adriana M. Paskal, Janusz Jaworowski, Łukasz Paluch, and Bartłomiej Noszczyk, Analysis of the Visual Perception of Female Breast Aesthetics and Symmetry: An Eye-Tracking Study, Plastic and Reconstructive Surgery 144(6):1257-1266, 2019.

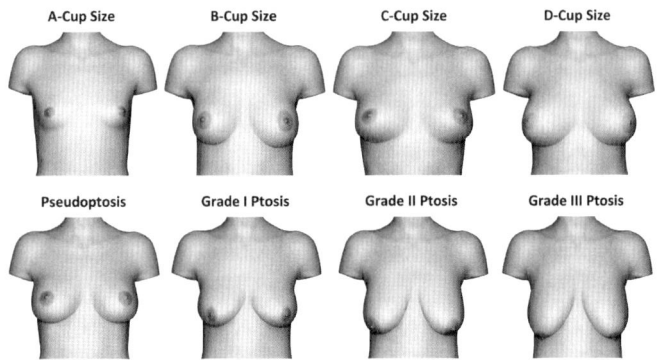

그림 10 Piotr Pietruski et.al. 2019.

그 결과 사람들이 가슴에 대한 매력과 대칭성을 평가할 때 젖꼭지와 가슴 아랫부분에 주목한다는 사실을 발견했다.

또한 2021년에 행해진 한 시선추적 실험에서는 평균 38.6세의 코카시안 83명에게 다양한 가슴 사진을 보여준 후 5점 척도로 평가를 하게 했는데 가장 주요한 기준은 대칭에 관계된 것이었다.[254] 이처럼 객관적인 아름다움이 과연 존재하며, 그것을 어떻게 증명하는가는 그동안 미제로 남아 있었으나 시선추적 장치의 등장으로 이를 이용해 얼굴과 몸에 대한 객관적인 아름다움을 분석하는 시도가 계속되고 있다.

시선추적 장치를 사용해 가장 아름다운 입술의 조건은 무엇인지를 탐색

---

[254] Nicholas Moellhoff, Chiara Kandelhardt, Denis Ehrl, Lukas Kohler, Konstantin Koban, Riccardo E Giunta, Anne Guertler, Samir Mardini, Sebastian Cotofana, Konstantin Frank, The Impact of Breast Symmetry on Eye Movement and Gaze Pattern: An Eye-Tracking Investigation, Aesthetic Surgery Journal 41(11), pp1512-1518, 2021.

한 연구들도 있다. 이 연구팀은 입술의 이상적인 형태와 볼륨(부피)을 평가하기 위해 59명의 백인 참가자들을 대상으로 다양한 비율과 볼륨의 입술을 바라보게 한 후 매력도를 평가하게 했다. 입술의 외관을 평가하기 위한 몇 가지 검증된 도구가 제안되었지만[255] 이 실험에서는 가장 매력적인 입술로 윗입술과 아랫입술의 비율이 1대1.6을 황금비로 평가했으며 가장 높은 평점을 받은 입술 볼륨은 100%볼륨(원래 입술 사이즈)이었다.[256] 필러를 넣은 볼륨감 있는 입술을 선망하는 젊은 여성들이 많은데 이러한 결과는 그와 상반된다고 할 수 있다. 백인을 대상으로 한 결과이긴 하나 피험자들은 윗입술과 아랫입술의 이상적인 비율을 1:1.6으로 정의하였다.

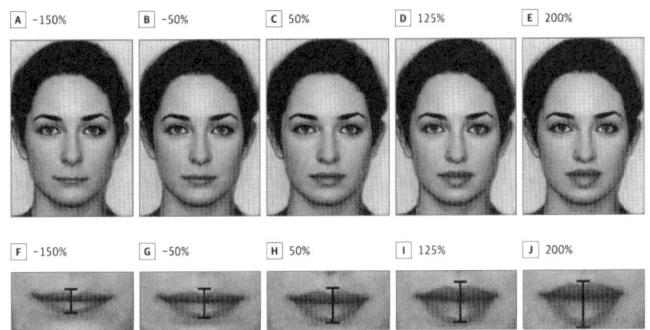

그림 11 Natalie A. et.al., 2017.

[255] Natalie A. Popenko, Prem B. Tripathi, Zlatko Devcic, Koohyar Karimi, Kathryn Osann, and Brian J. F. Wong, Quantitative Approach to Determining the Ideal Female Lip Aesthetic and Its Effect on Facial Attractiveness, JAMA Facial Plastic Surgery 19(4): 261-267, 2017.

[256] Konstantin Frank, Nicholas Moellhoff, Arthur Swift, Jeremy B Green, Luca Schuster, Robert H Gotkin, Claudia A Hernandez, Daria Voropai, Elisabeth M Haas, Sebastian Cotofana, Search of the Most Attractive Lip Proportions and Lip Volume: An Eye Tracking and Survey Based Investigation, Plastic Reconstructive Surgery, 150(2):301-308, 2022.

또한 얼굴 성형과 관련해 얼굴의 어떤 부위를 가장 집중해서 보는지(눈, 코, 입, 뺨, 귀, 그리고 기타 부위) 시선추적실험을 한 결과 24명의 여성 이미지에 대해 참가자들은 눈과 입의 순으로 가장 많이 주목했으며 다른 부위는 통계적 차이를 보이지 않았다. 그러나 치아의 매력도가 감소할 경우 눈에서 입으로 시선이 이동해 오히려 입 부위의 주목도가 높아지는 것을 발견했다.[257]

시선추적 장치는 이처럼 얼굴이나 몸매에 대한 미학적 기준을 평가하는 용도 외에도 화장의 효과를 측정하는 용도로도 사용되고 있다. 화장은 시술이나 수술이 아닌 방법으로 얼굴의 매력을 증진시키는 효과가 있는데 한 연구는 눈 화장이 눈의 대비를 강조함으로써 사회적 인식을 증진시킨다는 결과를 제시한 바 있다.[258]

흔히 쌍꺼풀 성형 등 가벼운 수술을 시술이라는 용어로 차별화하여 사용하는데 옥스포드 사전은 수술(operation)을 신체의 일부분을 개방해 손상된 부위를 수선하는 과정이라고 하며 시술(procedure)은 내과적 수술(medical operation)이라고 풀이하고 있다. 즉 시술도 수술의 일종이지만 상대적으로 안전한 것으로 취급하고 있다. 이런 이유로 입술 확대나 기미 제거 같은 레

---

[257] Michael R. Richards, Henry W. Fields Jr, F Michael Beck, Allen R Firestone, Dirk B Walther, Stephen Rosenstiel, James M Sacksteder, Contribution of malocclusion and female facial attractiveness to smile esthetics evaluated by eye tracking, American Journal of Orthodontics and Dentofacial Orthopedics 147(4):472-82, 2015.

[258] S. Ueda and T. Koyama, Influence of eye make-up on the perception of gaze direction, International Journal of Cosmetic Science, 33, 514-518, 2011.

이저 처치를 시술이라는 표현을 쓰는데 미용 시술에 대한 다양한 시선추적 실험 결과 참가자들은 시술 후 이미지를 보다 호의적으로 평가한다고 보고하고 있다. 일반적으로 입술 성형을 위해 설계된 인기 있는 미용 시술은 일시적으로 주입 가능한 피부 필러(히알루론산)부터 구조적 지방 이식 및 연질 플라스틱 이식에 이르기까지 다양하다.

미용시술을 받은 경험이 있는 20명의 여성과 미용시술 경험이 없는 20명 등 총 40명에게 레이저 시술과 입술 확대 시술을 받은 환자의 이미지를 보여 줬더니 미용 시술 경험이 있는 여성 집단이 시술 후 이미지를 보다 긍정적으로 평가하고 응시 시간도 짧았다.[259]

또한 리프팅 시술에 대한 평가를 한 다른 시선추적 연구는 가장 먼저, 그리고 가장 오랫동안 보는 부위가 코 부분임을 발견했다. 특히 시술 경험이 있는 참가자들일수록 관계없는 부위를 바라보는 시간이 짧았는데 이는 미용시술에 대한 경험이 많을수록 초보자들에 비해 뺨이나 볼, 목 등의 전체 부위를 빨리 스캔해서 전체적으로 바라본다는 것을 의미한다.[260]

눈 아래 주름 제거를 목적으로 하는 하안검 성형술의 전후 사진을 비교하는 시선추적실험 연구에서는 성형 전 사진에 대해서는 콧등, 코, 코 아래 부분으로 시선이 이동했으나 성형 후에는 코-콧등-코 아래의 시선 이동 패

---

[259] Dylan J. Peterson, Amee D. Azad, Aikaterina Gkorila, Ashraf A Patel, Molly S Boudreault, Rahim S Nazerali, Assessing Gaze Patterns in Common Cosmetic Procedures With Eye-Tracking Technology, Annals of Plastic Surgery, 84(5S Suppl 4):S268-S272, 2020.

[260] Lawrence Z. Cai, Jeffrey W. Kwong, Amee D. Azad, David Kahn, Gordon K. Lee, Rahim S. Nazerali, Where Do We Look? Assessing Gaze Patterns in Cosmetic Face-Lift Surgery with Eye Tracking Technology, Plastic and Reconstructive Surgery, 144(1):63-70, 2019.

턱을 보이는 차이가 있었다.[261]

---

[261] Francesco Bernardini, Tim Staiger, Nicholas Moellhoff, Riccardo E Giunta, David Braig, Denis Ehrl, Julie Woodward, Sebastian Cotofana, Lukas H. Kohler, Konstantin Frank, Facial Recognition Pattern before and after Lower Eyelid Blepharoplasty: An Eye Tracking Analysis, Facial Plastic Surgery Clinics of North America 30(2):271-276, 2022.

2

마스크를 쓰면
과연 잘 생겨 보일까

    코로나(COVID-19) 팬데믹 사태는 의무적 마스크 착용을 가져왔으며 사태가 진정된 이후에도 대부분의 사람들은 마스크를 생필품처럼 쓰고 다니고 있다. 우리나라는 OECD 국가 중 가장 늦게 실내마스크 의무화를 해제한 나라인데, 신기한 것은 마스크 의무화가 해제된 이후에도 여전히 많은 시민들이 마스크를 착용하고 다니는 것이다. 여성들은 화장하지 않은 '쌩얼'을 가리기 위해 쓰고 다니는 경우도 있고 마스크를 쓰면 예뻐 보여서 쓴다는 사람들도 있다. 그렇다면 실제 마스크를 쓰면 잘 생기거나 예뻐 보일까?

    코로나 이전에 마스크를 착용하는 것에 대한 사람들의 인식은 범죄자처럼 사회적으로 신뢰할 수 없는 인물이라는 것이었다. 실제로 마스크는 사람들 간의 상호작용에서 사회적 신뢰를 나타내는 중요한 영역인 얼굴영역에 대한 시선 접근을 모호하게 하기 때문에 신뢰도 평가에 영향을 미치는 것으로 나타났다. 시선추적 실험결과 사람들은 마스크를 착용한 얼굴이 신뢰할 수 없다고 판단했는데 이는 마스크를 쓴 얼굴의 경우 입 부위가 가려진 상태에서 시각적 주의가 자동으로 입에서 눈 부위로 쏠리기 때문으로 나타났다.[262] 즉 이는 마스크 착용이 사회적 판단에 필요한 중요한 얼굴 신호 인식을 억제한다는 것을 의미한다. 또 다른 연구는 마스크 착용이 감정 인식에 중요한 얼굴 정보를 가리게 함으로써 사회적 커뮤니케이션을 방해한다는 것을 밝힌 바 있다.[263] 이 연구는 마스크를 착용하지 않은 상태와 마스크를 착용한 상태의 감정표현을 분류한 결과 마스크 착용이 상대의 감정 인식을 방해한다는 것을 발견했다.

신체적 매력이 사회생활에 매우 중요한 작용을 한다는 것은 그동안의 많은 연구결과들이 입증하고 있다. 남들로부터 신체적으로 매력적이라고 인식되는 사람들은 미적 편향 혹은 후광(halo) 효과를 통해 다양한 사회적 이익을 얻는다는 수많은 연구결과들이 있다.[264] 예를 들어 미인이나 잘 생긴 사람들은 새로운 친구를 사귀고, 직업적인 경력을 쌓고, 범죄에 대해 무죄를 선고받는 데 더 성공적이라는 결과들이 그것이다.[265] 논란의 여지가 있

---

[262] Listryarinie Ongko Bylianto & Kai Qin Chan, Face masks inhibit facial cues for approachability and trustworthiness: an eyetracking study. Current Psychology, https://doi.org/10.1007/s12144-022-03705-8. 2022.

[263] Lea Thomas, Christoph von Castell and Heiko Hecht, How facial masks alter the interaction of gaze direction, head orientation, and emotion recognition, Frontiers in Neuroscience, Sec. Perception Science Volume 16. 2022.

[264] Anthony C. Little, Benedict C. Jones and Lisa M. DeBruine, Facial attractiveness: evolutionary based research. Philosophical Transactions of the Royal Society of London : Biological Sciences, 366(1571):1638-1659. 2011.

지만 전반적으로 사회적 성공과 신체적 매력 사이에는 분명한 연관성이 있다. 사람의 외모 혹은 첫인상은 그들의 삶의 궤적을 바꾸는 데 큰 도움이 될 수 있다.[266] 몇몇 연구들은 단 몇 분의 1초 만에 단순히 얼굴 표정에 의해 그 사람에 대한 평가와 의견이 형성될 수 있다는 것을 보여주고 있다.[267] 이렇게 특정한 얼굴 요소들은 호감도나 신뢰도, 능력과 같은 성격 특성들에 대한 판단으로 이어질 수 있다. 예를 들어 큰 눈은 사람들로부터 더 많은 공감과 좋은 기분, 외향적인 성격이라는 판단을 이끌어 내는 것으로 나타났다.[268] 또한 얼굴의 매력은 성적인 선택에도 중요한 역할을 하고 있는 것으로 보고되고 있다. 남자들의 경우 깊게 파인 눈과 큰 턱을 선호하는 반면, 여성의 경우 작은 코와 더 대칭적인 얼굴을 선호한다는 연구결과가 있다.[269]

아름다운 얼굴이 무엇인지 그 기준에 대해서는 문화적인 다양성이 존재하지만 동서양의 다양한 연구결과들을 종합해보면 학자들은 그래도 보편적인 무엇인가가 있다고 주장한다. 이에 따르면 여러 개의 얼굴 특징이 함께

---

[265] Dario Maestripieri, Andrea Henry, and Nora Nickels, Explaining financial and prosocial biases in favor of attractive people: interdisciplinary perspectives from economics, social psychology, and evolutionary psychology. Behavioral and Brain Sciences 40:e19. doi: 10.1017/S0140525X16000340, 2017.

[266] Richard Cook and Harriet Over, Why is the literature on first impressions so focused on White faces? Royal Society Open Science 8(9):211146, 2021.

[267] Leslie A. Zebrowitz, First impressions from faces. Current Directions in Psychological Science 26(3): 237-242, 2017.

[268] Andrew P. Bayliss and Steven P. Tipper, Predictive gaze cues and personality judgments: should eye trust you? Psychological Science 17(6):514-520, 2006.

[269] Michael R. Cunningham, Alan R. Roberts, Anita P. Barbee, Perri B. Druen, and Cheng-Huan Wu, Their ideas of beauty are, on the whole, the same as ours. Journal of Personality and Social Psychology 68(2):261-279, 1995.

섞여 있는 평균적인 얼굴이 일반적인 얼굴보다 더 매력적이라고 분석된다.[270] 매력의 첫인상을 결정하는 가장 중요한 요소로 여겨지는 것이 성별, 인종, 민족의 특수성에 관계없이 얼굴 특징의 조화라는 것이다.[271]

일반적으로 얼굴의 매력도에 있어서 가장 중요한 요소는 눈 주변이라고 생각되는 경향이 있다. 실제로 미국 미용학회가 발표한 미용 성형수술 통계에 따르면 코로나 발병 이후 2020년부터 2021년까지 안검성형(눈꺼풀) 시술이 72% 증가했는데[272] 이러한 통계결과는 사람들이 갖고 있는 아름다운 얼굴의 구성요소 중 눈이 그만큼 중요하다는 증거라 할 수 있다. 그러나 많은 성형외과적 소견들은 입을 둘러싼 주변 부위가 미학적으로 사람의 매력을 결정하는 데 중요한 역할을 한다[273]고 보고 있으며 코 또한 전반적인 얼굴의 조화를 통한 미학의 중요한 결정 요소라고 보고 있다.[274] 구강 및 구강 주변의 미학적 평가와 관련한 연구결과들은 인중 윤곽이 뚜렷한 입술은 젊고 아름답다고 평가되는 반면 길고 잘 구분되지 않는 인중과 얇은 윗입술은 나이 들어 보이게 한다는 평가를 받고 있다. 또한 치아의 결핍이나

---

[270] Judith H. Langlois, Lisa Kalakanis, Adam J. Rubenstein, Andrea Larson, Monica HaUam, and Monica Smoot, Maxims or myths of beauty? A meta-analytic and theoretical review. Psychological Bulletin 1 26(3):390-423, 2000.

[271] L. Mealey, R. Bridgstock, G.C. Townsend, Symmetry and perceived facial attractiveness: a monozygotic co-twin comparison. Journal of Personality and Social Psychology 76(1):151-158, 1999.

[272] The aesthetic society's cosmetic surgery national data bank: statistics 2021. Aesthetic Surgery Journal 42(Supplement_1):1-18, 2022.

[273] Elbert E. Vaca, Jonathan T. Bricker, Irene Helenowski, Eugene D. Park, and Mohammed S. Alghoul, Identifying aesthetically appealing upper eyelid topographic proportions. Aesthetic Surgery Journal 39(8):824-834, 2019.

[274] Stephen M. Lu, David T. Hsu, Adam D. Perry, Lyle S. Leipziger, Armen K. Kasabian, Scott P. Bartlett, Charles H. Thorne, P. Niclas Broer, and Neil Tanna, The public face of rhinoplasty: impact on perceived attractiveness and personality. Plastic and Reconstructive Surgery 142(4), 881-887, 2018.

얼룩, 그리고 비뚤어진 입술은 매력도를 낮추는 요인으로 간주된다.[275]

이러한 외모에 대한 인식의 시작은 자기 자신의 얼굴 특징에 대한 시선처리와 밀접한 관련을 갖고 있다. 타인의 얼굴 매력도를 평가하는 것은 결국 자신의 얼굴에 대한 탐구와 관련이 있기 때문이다. 자신의 얼굴은 자신의 정체성과 강하게 연관되어 있으며[276] 자신의 얼굴을 인식하는 능력은 자아의식의 유지에 도움이 된다.[277] 그동안 시선 추적을 사용한 얼굴인식에 대한 연구결과들은 사람들이 얼굴 인식을 전체적인 관점에서 처리되는 것으로 널리 받아들여지고 있지만[278] 이는 주로 타인에 대한 인식과정에서 나타나는 특징이며 타인의 얼굴과 비교하여 자신의 얼굴에 대한 인식과 처리는 다른 방식으로 처리된다는 것을 보여주고 있다.

예를 들어 익숙한 얼굴의 얼굴 특징에 대한 인식처리 과정에 비해 자신의 얼굴 특징에 대한 인식처리가 더 빠르지만, 전체적 이미지를 처리하는 것은 더 느리다는 결과가 있다. 즉 참가자들이 친구나 낯선 사람의 얼굴보다 자신의 얼굴을 더 빠르고 정확하게 인식하며, 이러한 얼굴인식 처리는 정상 사진과 반전된 사진 모두에서 관찰되었다.[279]

---

[275] Diogo Nunes and Gregor Bran, The impact of the philtrum on facial attractiveness, perioral proportions, and perceptions of facial aging. Aesthetic Surgery Journal 41(7):816-825, 2021.

[276] A.J. Estudillo & M. Bindemann, A multi-sensory system for self-face learning. In M. Bindemann, & A. M. Megreya (Eds.), Face processing: Systems, disorders and cultural differences (pp. 241-254). Nova Science Publisher, 2017.

[277] A.J. Estudillo & M. Bindemann, Can gaze-contingent mirror-feedback from unfamiliar faces alter self-recognition? The Quarterly Journal of Experimental Psychology, 70 (5) pp. 944-958, 2017.

[278] B. Rossion, The composite face illusion: A whole window into our understanding of holistic face perception. Visual Cognition, 21 (2), pp. 139-253, 2013.

[279] S.N. Greenberg and Y. Goshen-Gottstein, Not all faces are processed equally: Evidence for featural

또한 자신의 얼굴과 친구의 얼굴, 그리고 낯선 얼굴에 대한 시선추적 실험 결과는 자신의 얼굴을 볼 때는 입 부위를, 친구와 낯선 얼굴을 볼 때는 코 부위를 선호한다는 결과가 나타났다. 이러한 시선처리는 문화권과 인종에 따라 다르게 나타나지 않았고 타인에 대한 시선이 코 부위로 향한다는 공통점이 있었다. 이러한 결과는 왜 그토록 여성들이 코 성형에 집중하는지를 설명하는데 도움이 될 것이며 매일 거울을 보며 자신의 얼굴에 대해 갖는 시각적 경험과 타인에 대해 투영하는 경험을 하는 여성들이 자신과 타인의 얼굴을 평가하는 관점이 다르다는 것을 보여준다.[280]

자신의 얼굴과 타인의 얼굴 특징을 식별하는 또 다른 시선추적 실험은 참가자들이 타인의 얼굴에 비해 자기 얼굴의 아랫부분(예를 들면 입주위)을 더 오랫동안 바라보며, 얼굴의 윗부분(즉 눈부위)은 차이가 없는 것으로 보고하고 있다. 이러한 결과는 사람들이 자신의 얼굴을 바라볼 때와 타인을 바라볼 때는 다른 시각적 스캐닝 과정을 가진다는 점을 말해준다.[281]

이러한 연구결과들은 코로나 발생 전 일본에서 마스크를 착용한 얼굴의 가림 효과를 실험한 연구와 비슷한 결과를 보여주는 것이다. 일본 연구진은 2016년 얼굴 하반부를 마스크로 부분적으로 가리는 것이 여성 얼굴의 지각

---

rather than holistic processing of one's own face in a face-imaging task, Journal of Experimental Psychology: Learning, Memory and Cognition, 35 (2), pp. 499-508, 2009.

[280] Jasmine K.W. Lee, Steve M.J. Janssen, and Alejandro J. Estudillo, A more featural based processing for the self-face: An eye-tracking study, Consciousness and Cognition Volume 105, October 2022.

[281] Anya Chakraborty and Bhismadev Chakrabarti, Looking at my own face: Visual processing strategies in self-other face recognition, Frontiers in Psychology. 9, 10.3389/fpsyg.2018.00121, 2018.

된 매력에 미치는 효과를 입증한 바 있다. 그들은 의료용 마스크를 착용하는 것이 얼굴의 하반부를 가림으로써 여성을 더 매력적으로 보이게 한다고 주장했는데[282] 이러한 마스크의 가림 효과에 대한 다양한 시도는 코로나 발발 이후 캐나다,[283] 영국 및 스페인어권[284] 국가에서 나왔는데 이러한 실험들 가운데 마스크를 착용하는 것이 얼굴의 매력도 증가에 영향을 미치는가를 검증하는 연구들은 마스크를 착용하는 것이 얼굴의 매력도 평가에 영향을 미친다고 결론 내리고 있다.[285] 영국 연구진들은 남성 모델이 의료 마스크와 천 마스크, 노마스크일 때의 매력도 차이를 시선추적 실험을 통해 밝혔는데 의료마스크에서 매력도 평가가 가장 높게 이뤄졌다고 보고하고 있다. 여성 참가자들은 얼굴이 의료용 마스크로 가려졌을 때 가장 매력적인 것으로 평가했고 천 마스크로 가려졌을 때는 가려지지 않았을 때보다 훨씬 더 매력적인 것으로 평가했다.[286]

과거의 전통적 구강외과 연구들에서도 얼굴 아래 하관 부분의 3분의 1과 관련된 특징들이 얼굴 매력에서 갖는 중요성을 보고한 바 있다.[287] 마스크

---

[282] Yuki Miyazaki and Jun-Ichiro Kawahara, The sanitary-mask effect on perceived facial attractiveness. Japanese Psychological Research 58(3):261-272, 2016.

[283] Farid Pazhoohi and Alan Kingstone, Unattractive faces are more attractive when the bottom-half is masked, an effect that reverses when the top-half is concealed. Cognitive Research: Principles & Implications, 7(1):6, 2022.

[284] Antonio Olivera-La Rosa, Erick G. Chuquichambi and Gordon P.D. Ingram, Keep your (social) distance: pathogen concerns and social perception in the time of COVID-19. Personality and Individual Differences 166:110200. doi: 10.1016/j.paid.2020.110200, 2020.

[285] Viren Patel, Daniel M. Mazzaferro, David B. Sarwer, and Scott P. Bartlett, Beauty and the mask. Plastic and Reconstructive Surgery Global Open 8(8):e3048. 2020.

[286] Oliver Hies & Michael B. Lewis, Beyond the beauty of occlusion: medical masks increase facial attractiveness more than other face coverings. Cognitive Research: Principles & Implications 7(1):1, 2022.

착용은 특히 코와 구강 주변의 비대칭이나 기형, 불균형을 효과적으로 감추는 효과가 있어서 맨 얼굴 대비 매력적으로 보이게 할 수 있다. 캐나다 연구진은 얼굴을 구성하고 있는 요소에 대한 정보가 적을수록 매력도가 증가한다고 해석하고 있다.288)

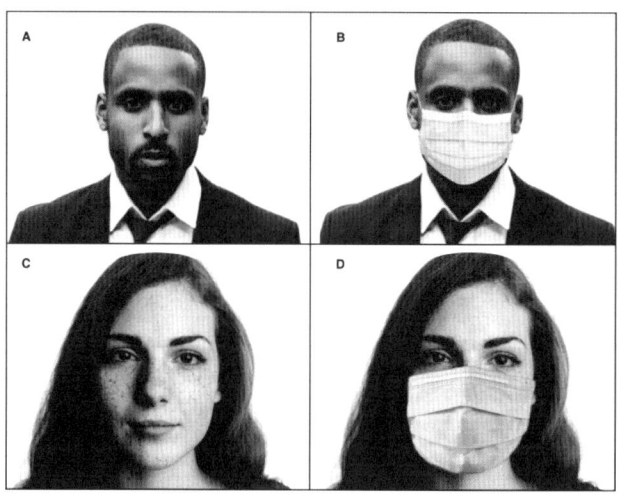

그림 12 실험에 사용된 사진의 예. 출처 : Pexels 스톡 사진(https://www.pexels.com).

한편 얼굴 부위가 노화와 관련된 인식에 영향을 미치는지에 대한 시선 추적 실험도 이뤄졌는데, 실험 결과 얼굴 부위 중 나이가 들어 보인다고 인

---

287) Lorena Marques Ferreira de Sena, Lislley Anne Lacerda Damasceno E Araújo, Arthur Costa Rodrigues Farias, and Hallissa Simplicio Gomes Pereira, The influence of sagittal position of the mandible in facial attractiveness and social perception. Dental Press Journal of Orthodontics 22(2):77-86, 2017.

288) Javid Sadr and Lauren Krowicki, Face perception loves a challenge: less information sparks more attraction. Vision Research. 157:61-83, 2019.

식되는 가장 주요한 부위는 입 주위인 것으로 나타나 나이든 사람들이 경우 얼굴 매력을 높이는 성형을 생각한다면 이빨이나 입 주위 등을 가장 염두에 두어야 할 것으로 판단된다.[289] 또한 마스크를 착용하면 평균 기준보다 덜 매력적인 얼굴이미지에 대한 매력은 크게 증가하고 평균 기준보다 매력적인 얼굴이미지에 대한 매력은 감소한다는 연구결과도 있다.[290] 즉 자신의 얼굴이 매우 잘생긴 매력적인 상태라면 마스크를 쓰지 않는 것이 오히려 좋다는 것이다.

한편 무슬림들이 쓰는 히잡 혹은 부르카가 얼굴 인식에 미치는 영향에 관한 시선추적 연구들도 있다.[291] 얼굴 구성요소 중 눈코입을 제외한 모든 부위를 가리는 이러한 복장의 효과에 대해 그동안의 연구는 자신과 다른 민족의 얼굴을 인식하기 힘든 인종편향 연구들[292]에서 다뤄져왔으며 시선추적 방법 등을 사용한 연구들도 이뤄져왔다.[293] 인종편향 효과는 같은 인종의 마스크를 한 사람들이 다른 인종의 마스크를 한 사람보다 더 매력적으

---

[289] Konstantin Frank, Denis Ehrl, Francesco Bernardini, Alina Walbrun, Nicholas Moellhoff, Michael Alfertshofer, Kristina Davidovic, Samir Mardini, Robert H Gotkin, and Sebastian Cotofana, How We Look At Mature Faces—An Eye-Tracking Investigation Into the Perception of Age. Aesthetic Surgery Journal. 43(2). 10.1093/asj/sjac251. 2022.

[290] Brian Bassiri-Tehrani, Alvin Nguyen, Akriti Choudhary, Jiddu Guart, Bianca Di Chiaro, and Chad A Purnell, The Effect of Wearing a Mask on Facial Attractiveness. Aesthetic Surgery Journal. Open Forum. 2022 Sep 2;4:ojac070. doi: 10.1093/asjof/ojac070. PMID: 36320221; PMCID: PMC9494328.

[291] Umar Toseeb, Eleanor J. Bryant, and David R. T. Keeble, The Muslim Headscarf and Face Perception: "They All Look the Same, Don't They?". PLoS ONE 9(2): e84754. https://doi.org/10.1371/journal.pone.0084754. 2014.

[292] Christian A Meissner and John C Brigham, Thirty years of investigating the own-race bias in memory for faces - A meta-analytic review. Psychology Public Policy and Law 7(1). 3-35. 2001.

[293] Johanna Lovén, Jenny Rehnman, S. Wiens, T. Lindholm, and N. Peira, A. Herlitz, Who are you looking at? The influence of face gender on visual attention and memory for own- and other-race faces. Memory 20: 321-331. 2012.

로 평가되는 결과를 보여주고 있다. 이러한 인종편향 효과 못지않게 마스크 사용을 지지하는 참가자들은 일반적으로 마스크를 쓰지 않은 사람들보다 마스크를 쓴 사람들을 더 매력적으로 평가하는 결과로도 나타난다.[294]

인종편향 연구와 관련하여 이슬람교도의 이러한 머리/얼굴 덮개 복장이 감정 인식에 미치는 영향을 조사하는 연구가 일부 있었는데 히잡을 착용한 여성이 얼굴이 공개된 여성보다 남성들로부터 더 부정적인 평가를 받는 등의 결과가 나타난 바 있다.[295] 얼굴 매력도에 관해 히잡을 쓴 여성보다 얼굴이 공개된 여성을 비이슬람교도 남성들이 높게 평가했지만, 무슬림 남성들의 평가는 이와 반대로 나타나 점점 더 다문화 되고 있는 사회에서 종교적 고정관념과 얼굴 매력도가 중요한 관련성을 가짐을 시사한다.[296]

---

[294] Veronica Dudarev, Miki Kamatani, Yuki Miyazaki, James T. Enns and Jun I. Kawahara, The Attractiveness of Masked Faces Is Influenced by Race and Mask Attitudes, Frontiers in Psychology 17 Sec. Cognitive Science Volume 13, 2022.

[295] Mariska Esther Kret and Beatrice de Gelder, Islamic Headdress Influences How Emotion is Recognized from the Eyes. Frontiers in psychology 3: 110, 2012.

[296] Yusr Mahmud and Viren Swami, The influence of the hijab (Islamic head-cover) on perceptions of women's attractiveness and intelligence. Body Image 7(1), 90-93, 2010.

9장

빨리 보기와 훑어 보기

바라본 모든 것을 기억한다면
무의식적으로 보기
표지판만 고쳐도
빨리보기(속독)는 가능할까

눈은
알고
있다

"의료용 마스크를 착용하는 것이 얼굴의 하반부를
가림으로써 여성을 더 매력적으로 보이게 한다"

"마스크를 착용하는 것이
얼굴의 매력도 증가에 영향을 미친다"

Patel et.al., Plastic and Reconstructive Surgery Global Open(2020)

1
바라본 모든 것을 기억한다면

 "말을 타고 달리며 산을 바라본다"는 뜻의 사자성어인 주마간산(走馬看山)은 사물을 꼼꼼히 보지 않고 대충 본다는 뜻이다. 이와 비슷한 단어로 주마간화(走馬看花)라는 표현을 사용하기도 하는데 이는 모두 사물의 겉면만 훑어보고 그 깊은 속은 살펴보지 않음을 비유하는 것으로 중국 당나라의 시인이었던 맹교(751~814)가 지은 등과후시(登科後詩)라는 시에 나오는 구절이다.

 그런데 정말 빨리 달리는 말이나 기차 안에서 사물을 바라보면 어떻게 될까. 매우 짧은 시간에 사물을 바라보고 판단해야 하는 상황은 여러 가지가 있을 수 있다. 예를 들어 매우 짧은 시간에 책을 다 읽어야 하는 속독이나 눈 깜박할 사이에 목표를 겨냥하고 방아쇠를 당겨야 하는 사격 같은 것을 들 수 있다.

2004년 아테네 올림픽 사격 남자 50m 권총 결승전에서 진종오 선수는 총 10발 가운데, 6발까지 2위 러시아의 미하일 네스트루예프 선수에 0.6점차로 앞서고 있었으나 7발째 사격에서 시간제한에 쫓겨 격발을 하였고 6.9점을 쏘아 안타깝게 금메달을 놓치고 말았다. 이처럼 사격, 양궁과 같은 원거리 조준과제에서 운동 숙련성과 숙련된 수행에 영향을 주는 요인은 무엇이며, 왜 시합상황에서 어떤 선수는 시간적 압박과 스트레스가 가해지는 상황에서도 최상의 수행능력을 보이지만, 어떤 선수는 그렇지 못한 것인가?

한 연구에서 공기권총 종목의 숙련성에 따라서 숙련자(experts)와 비숙련자(non-experts)로 집단을 구분하여 총을 쏠 때 어떤 시지각 탐색 차이를 보이는지 시선추적 장치를 이용해 실험했다. 일반적으로 숙련자는 비교적 짧은 시각에 운동수행에 필요한 정보를 탐색하는 전략을 사용하는 것으로 많은 선행 연구들은 보고하고 있다. 이러한 시각탐색 전략은 안구의 빠른 움직임이 일어날 때 신속안구운동 억제(saccadic suppression) 현상이 발생하기 때문에 안구의 빠른 움직임을 최소화하려는 의도에서 나타난다.[297]

공기권총 사격 과제에 있어서도 숙련성에 따라서 시각탐색 전략에 차이가 있는 것으로 나타나는데 특히 수행시간의 압박이 가해지는 상황에서는 시간적 압박을 가하지 않은 조건과는 다른 패턴의 시각탐색 전략을 활용하

---

[297] Keith Rayner, Eye Movements in Reading and Information Processing: 20 Years of Research, Psychological Bulletin, 124(3), 372-422, 1998.

는 것으로 나타났다. 즉 숙련자는 비숙련자에 비해 변화의 폭이 작은 것으로 나타났는데 이러한 현상은 스쿼시, 테니스, 골프, 농구 자유투, 양궁 등과 같은 조준과제에서도 나타나는 것으로 보고되고 있다.[298]

이렇게 안구의 움직임을 최소화하는 시각 탐색 전략은 자폐스펙트럼의 일종인 서번트(savant) 증후군에서도 발견된다. 그러나 서번트 증후군의 눈 움직임은 사격이나 양궁 같은 단기간 초집중 상황과 유사하지만 다른 양태를 보인다.

증상의 심각성에 따라 중증 자폐, 고기능자폐, 아스퍼거 증후군, 비언어성 학습장애로 나뉘어지던 자폐증이 자폐스펙트럼으로 통일되었다. 이는 이 증상이 개인차가 심해서 프리즘에 의해 분광된 스펙트럼처럼 개인마다 천차만별의 차별성을 보인다고해서 자폐 스펙트럼으로 바뀐 것이다. 이 가운데 미국의 배우 더스틴 호프만과 톰크루즈가 주연으로 등장한 영화 레인맨(Rain Man)에서 형 레이먼드 역을 맡은 더스틴 호프만이 전화번호부를 한번 보고 다 암기하는 장면은 자폐증 가운데 서번트 증후군(savant syndrome)을 널리 알린 계기가 되었다.

레인맨에서 묘사된 이 증후군은 6천권 이상의 책을 외우고 모든 미국 지역 번호와 주요 도시 우편 번호를 말할 수 있고 달력을 계산하는 능력을 보여주고 있다. 이러한 능력 중 시지각적으로 독특한 점은 왼쪽 눈으로 한

---

[298] 이승민·김선진·박승하, 공기권총 사격 숙련성과 수행시간 제한조건에 따른 시각탐색 전략의 변화, 체육과학연구, 제19권, 제4호, 192~203, 2008.

페이지를 스캔하는 동시에 오른쪽 눈으로 다른 페이지를 보면서 극도로 빠르게 읽는 능력이라 할 수 있다. 이러한 시지각 능력은 넷플릭스 드라마 '이상한 변호사 우영우'에서도 등장하며 의료 드라마인 '굿닥터(Good Doctor)'에서도 묘사되고 있다.

무엇이든 한번 쓱 보기만 하면 다 기억하는 이 서번트 증후군에 대한 연구는 오랜 역사를 갖고 있다. 1783년 독일 심리학 저널인 'Gnothi Sauton'에 소개된 사례가 서번트 증후군에 대한 첫 번째 연구라고 할 수 있다. 이를 의학적으로 처음 발표한 것은 영국인 의사 랭던 다운(Langdon Down)[299]으로 1887년 런던의학회가 초청한 강연에서 그는 30년 간 의사생활 동안 만난 특이한 환자 10명의 사례를 소개하고 이들을 '백치박식가(idiot savant)'라고 불렀다.[300] 백치는 보통 IQ25 미만인 경우를 뜻하는데 이런 지능지수를 가진 사람들이 한번 주마간산식으로 쳐다보기만 한 것들을 다 기억하고 재생해내니 이런 용어를 붙이게 된 것이다.

기본적인 대화도 어려운 지능을 갖고 있음에도 어떤 환자는 수천페이지 책을 마치 눈앞의 책을 읽듯이 줄줄 외우는가 하면 또 어떤 사람은 한번 본 장면을 사진을 찍듯이 똑같이 그리기도 한다. 서번트 증후군을 가진 화가 스티븐 윌트셔(Stephen Wiltshire)는 항공기에서 한 번 본 풍경을 며칠 동

---

[299] 21번 염색체가 3개일 때 나타나는 다운증후군을 처음 발견했으며 그의 이름을 따서 다운증후군이라는 이름을 붙였다.

[300] Darold A. Treffert, The savant syndrome: an extraordinary condition. A synopsis: past, present, future. Philosophical Transactions of the Royal Society of London B Biological Sciences, 364(1522):1351-7. 2009.

안 기억에 의지해 그림을 그리는 것으로 유명해진 바 있다.

그림 13 서번트 증후군으로 유명한 윌트셔가 항공기에서 본 풍경을 기억에 의지해 그림을 그리는 모습(source : Stephen Wiltshire Facebook https://www.facebook.com/Stephen.Wiltshire.Artist/)

호주 시드니 대학의 연구진은 우리의 뇌에는 누구나 이러한 천재적 능력(서번트)이 잠재되어 있으며 이를 끌어내어 사용할 수 있다고 주장하며 그 방법을 소개하고 있다. 이 연구에 따르면 우리는 누구나 천재성이 있는데 강력한 좌뇌의 억압에 의해 이러한 능력을 발휘하지 못하고 있다고 설명한다. 즉 우뇌에는 우리가 본 모든 것이 무의식적 기억에 저장되어 있는데 좌뇌의 강력한 의식이 이를 억제하고 있어 무의식에 접근할 권한이 없다는 것이다. 그러나 두피에 전극을 대고 일정 주파수의 자기장을 좌뇌에 주어 교란시키면 우뇌에 잠재된 서번트 능력을 발휘할 수 있다는 것이다. 이 연구에서 실제 실험을 한 결과 11명 가운데 4명이 그림을 훨씬 더 잘 그렸고 다른 실험에서는 12명 가운데 10명이 화면에 흩어져 있는 조각들의 숫자를 더 정확히 추측했다.301)

이처럼 의식을 관장하는 좌뇌의 통제력을 무력화시키면 천재성을 발휘시킬 수 있는지에 대한 실험들이 있는데 그림을 그리는 능력에 대한 이 실험은 우뇌에 대한 좌뇌의 통제권을 약화시키면 그림을 잘 그릴 수 있다는 것을 발견했다.302) 미국의 인지심리학자인 베티 에드워즈(Betty Edwards)는 그녀의 베스트셀러 저서 '오른쪽 두뇌로 그림 그리기'에서 좌뇌는 대상을 개념화하려고하기 때문에 디테일을 무시하고 도식화하는 성향이 있다고 밝히며 우뇌의 묘사력을 억제하는 좌뇌의 추상화 성향을 제거하면 이러한 서번트 능력이 나타날 수 있다고 주장한다.303)

이처럼 눈으로 보는 모든 것을 다 기억하고 저장하고 살 것인지, 아니면 본 것들을 요약하고 패턴화해서 살 것인지는 우리 인간의 선택일 것이다. 우리 인간들이 이처럼 뛰어난 능력을 억압하고 자신이 그런 능력이 있는 줄도 모르게 진화한 것은 아마도 이것이 생존에 더 유리했기 때문이 아닐까. 살아가면서 겪고 보는 엄청난 데이터를 다 저장하고 기억한다면 우리는 아마 미쳐버리지 않을까.

---

301) Allan Snyder, Explaining and inducing savant skills: privileged access to lower level, less-processed information, Philosophical Transactions of the Royal Society of London B Biological Sciences. 27:36 4(1522):1399-405, 2009.

302) Rebecca Chamberlain, Chris McManus, Nicola Brunswick, Qona Rankin, Howard Riley, and Ryota Kanai, Drawing on the right side of the Brain: A Voxel-based Morphometry analysis of observational Drawing. NeuroImage. 96, 2014.

303) Betty Edwards, Drawing on the Right Side of the Brain: The Definitive, 4th Edition, TarcherPerigee, 2012.

# 2

무의식적으로 보기

    1957년 심리학자 제임스 비커리(James Vicary)는 영화의 수백 프레임당 한 프레임에 'Drink Coke', 'Eat Popcorn' 이라는 자막을 삽입해 상영한 결과 관람객들이 콜라와 팝콘을 평소보다 많이 구입했다는 결과를 발표한 바 있다. 무의식 광고(Subliminal Advertising)라는 이 새로운 형식의 광고는 초당 30프레임 혹은 25프레임으로 구성된 영상에 코카콜라와 팝콘 광고를 3,000분의 1초로 삽입하여 6주간 계속해서 상영한 결과 코카콜라는 18.1%, 팝콘은 57.7%의 판매 증가가 나타났다고 발표한 바 있다.[304] 과학자들은 이 결과가 거짓이라는 것을 증명한 바 있지만 이후 많은 연구들이 이러한 무의식적 메시

---

[304] Sheri J. Broyles, Subliminal Advertising and the Perpetual Popularity of Playing to People's Paranoia, The Journal of Consumer Affairs, 40(2), 392-406, 2006.

지 자극이 사람들의 인식과 행동에 영향을 미칠 수 있다는 것을 보여주고 있다.

그러나 이같은 무의식 자극 제시 방법을 사용해 최근 한 연구진은 공포증과 같은 병리학적 증세를 둔감화 시킬 수 있음을 밝혔다. 즉 공포증 둔감화와 관련한 무의식 자극을 지속적으로 환자에게 제시한 결과 무의식 자극의 30% 정도가 실제로 감지되었으며 공포에 대한 둔감화 효과는 이 무의식 자극에 기인할 수 있음을 시사한다고 분석했다.[305]

무의식적 지각(unconscious perception)이 과연 존재하는가라는 문제는 철학과 과학 모두에서 논쟁거리이다.[306] 인지심리학, 신경과학, 철학자들의 다양한 연구결과들은 무의식적인 지각 상태도 인간의 인식(perception)에 중요한 영향을 미치는 것으로 간주하고 있다.[307]

특히 무의식적 메시지 효과에 대한 연구는 인지과학 분야에서 많은 관심을 받으면서 다양한 연구 방법론에 의해 경험적 증거들이 발견되었다.[308] 예를 들어 사람들이 무의식적으로 특정 패턴의 이미지를 반복적으로 접하면 그러한 패턴을 선호하는 경향이 있다고 한다. 무의식 단순노출효과(SMEE,

---

[305] Sergio Frumento, Angelo Gemignani and Danilo Menicucci, Perceptually Visible but Emotionally Subliminal Stimuli to Improve Exposure Therapies, Brain Sciences. 12(7), 867, 2022.

[306] Joshua Shepherd & Myrto Mylopoulos, Unconscious perception and central coordinating agency. Philosophical Studies 178, 3869-3893, 2021.

[307] Jacob Berger and Bence Nanay, Relationalism and unconscious perception. Analysis 76 (4):426-433, 2016.

[308] Keren Maoz, Assaf Breska, and Gershon Ben-Shakhar, Orienting response elicitation by personally significant information under subliminal stimulus presentation: demonstration using the concealed information test. Psychophysiology. 49(12):1610-7, 2012.

Subliminal Mere Exposure Effect)라고 불리는 이 현상은 어떤 시각적 자극에 단순히 노출되어서 동공 확장과 같은 자율신경계반응이 증가하면 결국 그 시각적 자극에 대한 선호도가 증가한다는 것이다.[309] 이처럼 시선추적 장치의 등장으로 화면에 등장하는 간접광고(PPL, Product Placement Ad)의 주목효과를 측정[310]하거나 디자인 자극의 무의식 노출 효과를 검증하는 등[311] 다양한 시도가 이뤄지고 있다.

광고 메시지뿐만 아니라 다양한 정보의 무의식적 지각과 처리, 그리고 그것이 행동에 영향을 미치는 정도에 대한 연구들은 활발히 진행 중이다.[312] 무의식적 지각은 인간의 주의를 끌고 행동반응을 유도하는 효과가 있는 것으로 나타났지만 안구운동에 미치는 영향에 대해서는 연구가 아직 본격적으로 이뤄지지 않았다.[313]

현대 심리학은 사람들의 기본적인 인지 과정이 무의식적으로 이뤄지면서 필요한 지식을 흡수하는 것으로 가정한다. 따라서 시각이나 청각 자극 또는 심지어 두 자극 모두 무의식적으로 처리될 수 있다고 본다. 실제 웹 광고를

---

[309] Sanae Yoshimoto, Hisato Imai, Makio Kashino, and Tatsuto Takeuchi, Pupil Response and the Subliminal Mere Exposure Effect. PLoS ONE 9(2): e90670, 2014.

[310] Wan-Nan Wang, Min-Hee Park, Mi-Kyung Hwang, and Mahnwoo Kwon, The Effect of PPL on the User's Visual Attention Using Eye-tracking, The Journal of the Korea Contents Association v.21 no. 2, pp.445 - 452, 2021.

[311] Anish Babu Zacharia and Nicolas Hamelin, "An Analysis of Subliminal Static Images and Words Using Eye Tracking Techniques", Thaichon, P. and Ratten, V. (Ed.) Developing Digital Marketing, Emerald Publishing Limited, Bingley, pp. 155-180, 2021.

[312] Hakwan Lau and David Rosenthal, Empirical support for higher-order theories of conscious awareness. Trends in Cognitive Sciences 15(8):365-73, 2011.

[313] Seema Prasad and Ramesh Mishra, To look or not to look: Subliminal abrupt-onset cues influence constrained free-choice saccades. Journal of Eye Movement Research, 13(4), 2020.

대상으로 한 시선추적 실험에서 이 두 가지 자극 모두 무의식적으로 처리될 수 있는 가능성을 보여주었다.314)

시선추적 결과 사람들이 실제로 보지 않았는데도 시각적 자극을 정확하게 식별할 수 있는 것으로 나타난다면 무의식 시각 데이터가 초의식 시각 자극과 유사하게 영향을 미칠 수 있다.315) 한 연구팀은 후두엽 손상으로 인해 시력에 결함이 있는 사람이 영상을 의식적으로 지각할 수는 없지만 그 영상신호를 정확하게 식별할 수 있으며 무의식적으로 시각자료를 처리하는 것을 밝힌바 있다.316) 비록 실험에 사용된 자극이 밝은 빛과 같은 단순한 영상자료였지만 우리의 뇌가 무의식적으로 영상을 구분하고 처리할 수 있다는 것을 보여주었다. 아직 과학적으로 무의식의 개념을 완전히 이해하지 못했기 때문에 무의식적 지각에 대한 연구는 인지(Cognition)와 같은 인간의 고차적 심리와의 관련성 보다는 주로 지각(Perception)과 같은 낮은 수준의 인식에 대한 연구가 주로 이뤄지고 있다.

---

314) John Eighmey, Profiling user responses to commercial web sites, Journal of Advertising Research, 37(3), pp. 59-67, 1997.

315) Stanislas Dehaene and Jean-Pierre Changeux, Experimental and theoretical approaches to conscious processing, Neuron, 70(2), pp. 200-227, 2011.

316) Chen Song and Haishan Yao, Unconscious processing of invisible visual stimuli, Scientific Reports, 6 (1), pp. 1-6, 2016.

3

표지판만 고쳐도

빨리 바라보고 빨리 인식해야 하는 사물 중에 도로 표지판을 들 수 있다. 매일 우리는 출근길이나 동네 놀이터, 주차장, 건물진입로 등에서 수많은 안내 표지판과 간판들을 마주치며 매우 짧은 시간 안에 이러한 표지판들을 인식해야만 한다. 이러한 경고 표지판들을 무시할 경우 이는 사고로 이어져 수많은 사회적 비용이 발생할 수 있다. 예를 들어 미국에서는 매년 6만 명 이상의 사람들이 수영장 사고로 인해 응급실로 실려 가며[317] 이러한 사고의 대부분은 부적절한 경고 표지에 기인한다.[318]

---

[317] Maxwell S. Kennerly, "Swimming Pool Accident Lawyers at the Beasley Firm," http://www.litigationandtrial.com/personal-injury-lawyer/swimming-pool-accident-lawsuits, 2014.

[318] Bradley Dworkin, "Chicago Swimming Pool Accident Attorneys," http://www.personalinjuryattorney-illinois.com/practice-areas/slip-fall-accidents/swimming-pool-accidents.

물론 이러한 사고의 최종적인 책임은 표지판과 규칙을 따르지 않은 사람들에게 있다. 동물들에게 너무 가까이 가지 말아야 한다는 동물원의 표지판이나, 해변에서 수영을 할 때는 해파리가 서식하는 지역을 피해야 한다는 신호를 따라야만 할 것이다. 심지어 음식을 먹을 때도 특정 성분이 든 제품은 먹지 말아야 하는 사람에게 이러한 행동을 금지하도록 하는 경고 표지의 기능은 매우 중요하다.

도로 경고 표지 디자인이 인간의 시지각과 행동에 미치는 영향은 이를 따르지 않을 경우 기업과 정부가 치러야 하는 막대한 사회적 비용을 고려할 때 매우 중요하다. 특히 매우 짧은 시간 안에 표지를 인식하고 행동으로 옮겨야 하는 차량 운전 상황을 생각해보자. 매일 전 세계적으로 자동차로 인한 사고 사망자가 수천명이 넘는 상황에서 이러한 사고가 도로표지판을 조금만 개선하여 줄어들 수 있다면 어떨 것인가. 실제로 이러한 도로 표지판에 대한 인식과 대처를 시선추적 장치를 사용해 실험한 연구들이 나오고 있다. 이러한 연구들은 소비자의 정보처리에 있어서의 이미지의 서사구조나[319][320] 이미지의 상상성,[321] 이미지의 스타일 등[322] 다양한 요소들을 검토

2014

[319] Rashmi Adaval and Robert S. Wyer, The Role of Narratives in Consumer Information Processing, Journal of Consumer Psychology, 7(3), 207-245, 1998.
[320] Deborah J. MacInnis and Linda L. Price, The Role of Imagery in Information Processing: Review and Extensions, Journal of Consumer Research, 13(4), 473-491, 1987.
[321] Petia K. Petrova and Robert B. Cialdini, Fluency of Consumption Imagery and the Backfire Effects of Imagery Appeals, Journal of Consumer Research, 32 (December), 442-52, 2005.
[322] Kai-Yu Wang and Laura A. Peracchio, "Reading Picture: Understanding the Stylistic Properties of Advertising Images," in Go Figure! New Directions in Advertising Rhetoric, ed. Edward F. McQuarrie and Barbara J. Phillips, Armonk, NY: M. E. Sharpe, 205-226, 2007.

한 후 정적인 이미지에 묘사된 동적 표상 속성이 운전자의 시각적 주목에 미치는 영향을 검증하고 있다.

한 연구팀은 정적인 사진에 묘사된 움직임에 대한 인식이 동적 이미지로 전환되는 정도를 실험했는데 정지된 그림이 마치 살아 움직이는 형상처럼 인식되는 효과를 시선추적 방법을 통해 검증했다.[323] 이렇게 정지된 이미지가 움직임을 가진 동적 이미지로 상상되는 것을 '표상 관성(Representational Momentum, RM'[324])이라 지칭하는데 보통 실험참가자들로 하여금 화면에서 움직였다가 사라지는 물체를 보여주면서 사람들이 마음속에서 정적인 시각적 자극이 정신적 완성에 의해 움직이는 것으로 인식될 수 있는지를 테스트하는 것이다.[325] 즉 아래의 세가지 횡단보도 표지에서 보듯이 미국과 폴란드, 러시아의 횡단보도 표지에서 세 번째가 표상 관성의 효과가 가장 큰 표지판이라 할 수 있다.

그림 14 미국과 폴란드, 러시아의 학교횡단보도 표지(Source : Luca Cian, Aradhna Krishan, Ryan S. Elder, 2015)

[323] Luca Cian, Aradhna Krishan, and Ryan S. Elder, A Sign of Things to Come: Behavioral Change through Dynamic Iconography, Journal of Consumer Research, 41(6), April, 1426-1446, 2015.
[324] Jennifer J. Freyd and Ronald A. Finke, Representational Momentum, Journal of Experimental Psychology: Learning, Memory, and Cognition, 10(1), 126-32, 1984.
[325] Timothy L. Hubbard and Jamshed J. Bharucha, Judged Displacement in Apparent Vertical and Horizontal Motion, Perception and Psychophysics 44(3), 211-21, 1988.

이러한 표상 관성은 마음속에서의 움직임의 완성도가 높을수록 역동성이 증가하며 특정 상황에서 자신이 상상하는 것이 발생할 가능성을 증가시키기 때문에 위험의 인지 수준이 높아진다고 할 수 있다.326) 예를 들어 시선 추적 결과, 아래의 그림에서 보듯이 표상 관성이 높은 그림(오른쪽)일수록 더 빠른 주의력과 행동으로 이어진다는 것이다.

그림 15 표상관성이 높은 표지판(오른쪽)이 더 높은 주의력과 빠른 행동을 유도한다.

---

326) Nichola Callow, Ross Roberts, and Joanna Z. Fawkes, Effects of Dynamic and Static Imagery on Vividness of Imagery, Skiing Performance, and Confidence, Journal of Imagery Research in Sport and Physical Activity, 1(1), 1-13, 2006.

4
빨리보기(속독)는 가능할까

　사물을 바라보는 능력은 안구의 중심와(fovea)에서 가장 높고 이곳으로부터 멀어질수록 낮아진다. 안구는 도약 안구운동(saccade)을 통해 순간적으로 사물을 중심와로 들어오게 하는 역할을 한다. 도약 안구운동은 신경을 자극하는 대상에 눈동자를 순간적으로 돌려 그 대상을 정확하게 중심와에 들어오게 하는 역할을 하며 이러한 동작은 의식 또는 무의식적으로 이뤄진다. 목표에 도달하면 다음 목표에 도달하는 도약이 있기 전까지 한 지점에 짧은 순간 움직임이 없는 상태를 유지하는데 이를 시선 고정 혹은 응시(fixation)라고 한다.

　연구에 따르면 독서 경험이 풍부한 사람은 시선 고정의 시간이 짧고 비교적 긴 도약 안구운동의 폭을 보이며, 독서 경험이 없는 사람은 짧고 빈번한 도약 안구운동과 긴 시선 고정을 보인다고 한다.[327] 글이 어렵거나 모호할 경우 역행성 안구운동(regression saccade)이 빈번하게 나타나며 문장의 폭이 넓을수록 행의 끝에서 다음 행의 처음으로 옮기는 과정에서 안구운동의 폭도 넓어진다.[328]

읽기 속도와 문장 이해 사이의 관계는 50년 이상 동안 탐구되어왔다.[329] 읽는 속도가 지나치게 빠르면 이해도가 떨어지며 또 지나치게 느리게 읽으면 독서 효율이 떨어지는 문제가 있기 때문에 적절한 읽기 속도가 중요하다. 초기 연구는 분당 300단어 정도(wpm, word per minute)에서 약 150단어로 읽는 속도가 감소하면 이해도가 크게 증가하는 것을 발견하였다.[330] 그러나 읽기 속도와 이해력 사이의 관계에 대한 연구들은 일관성이 없다고 할 수 있는데 최근 연구들은 더 빨리 읽는 것이 오히려 이해력을 향상시킨다는 것을 보여주고 있다.[331] 즉 가벼운 시간 압력을 가해 정상 속도보다 약간 빠르게 읽도록 장려하는 것이 문장 이해력을 향상시킨다는 것이다.[332] 흔히 우리가 중요한 시험을 앞두고 '초치기'를 할 때처럼 독서 시간의 제약은 동

---

[327] Keith Rayner & Arnold Well, Effects of contextual constraint on eye movements in reading: A further examination. Psychonomic bulletin & review 3, 504–509, 1996.

[328] K. Rayner, S.C. Sereno, & G.E. Raney, Eye movement control in reading: A comparison of two types of models. Journal of Experimental Psychology: Human Perception and Performance, 22(5), 1188–1200, 1996.

[329] Ronald Carver, Reading rate: a review of research and theory, San Diego: Academic Press; 1990.

[330] E. Christopher Poulton, Time for reading and memory. British Journal of Psychology 49:230–245, 1958.

[331] Mary C. Dyson and Mark Haselgrove, The influence of reading speed and line length on the effectiveness of reading from screen. International Journal of Human-Computer Studies 54(4), 585–612, 2001.

[332] Jeffrey J. Walczyk, Kathryn E. Kelly, Scott D. Meche, and Hillary Braud, Time limitations enhance reading comprehension, Contemporary Educational Psychology 24(2), 156–165, 1999.

기 부여와 노력의 증가를 가져온다고 해석할 수 있다.

눈의 움직임 패턴이 읽는 속도나 이해도 사이에 어떤 관계가 있는지에 대해서는 거의 알려져 있지 않다. 80년대 중반 한국에서 시작되어 일본으로 전해진 한 속독법(Park-Sasaki 속독법)은 눈을 뜨고 명상을 할 때처럼 시각훈련을 하면 분당 1만자(영어로 4,120단어)를 읽을 수 있다고 주장한다.[333]

이러한 속독법의 효과를 실제 시선추적 실험을 통해 검증한 일본인 연구팀은 명상 훈련이 독서를 할 때 속독과 문장에 대한 인식을 증가시킨다는 연구결과를 제시하고 있다. 이 연구진은 명상에서와 같이 편안하고 집중된 정신 상태를 형성하면서 체계적인 시각 훈련을 시키면 문장을 읽는 속도와 이해도가 증가한다는 것을 시선추적 실험을 통해 보여주었다. 참가자들은 훈련을 받은 집단과 그렇지 않은 집단의 두 그룹으로 나뉘어 일본 소설을 읽고 이해도를 측정하는 실험을 했는데 그 결과 훈련을 받지 않은 참가자들보다 훈련을 받은 사람들에게서 더 높은 읽기 속도와 이해도 점수를 보여주었다.[334]

수십 년에 걸쳐 이 주제에 대한 많은 연구가 있었으며 이 연구처럼 일부는 속독 훈련의 긍정적인 효과를 보고한 바 있다. 그러나 이러한 속독은 쉽고 친숙한 텍스트의 요지는 추출할 수 있지만 세부 사항은 추출할 수 없

---

[333] T. Sasaki, H.Y. Park, Kagaku-teki sokudoku-ho (A scientific method of speed reading), Tokyo: NBS Japan Society of Speed Reading Education, 1986.

[334] Hiromitsu Miyata, Yasuyo Minagawa-Kawai, Shigeru Watanabe, Toyofumi Sasaki, and Kazuhiro Ueda, Reading speed, comprehension and eye movements while reading Japanese novels: evidence from untrained readers and cases of speed-reading trainees. PLoS One. 7(5):e36091, 2012.

다는 것이 일반적이다.

독서뿐만 아니라 영상 자막의 속도와 이해도에 대한 연구들도 시도되고 있다. 유튜브와 같은 영상물이 넘쳐나면서 사람들은 그 어느 때보다 자막이 달린 시청각 자료를 많이 보게 되었으며 자막의 적정한 속도에 대해서도 논란이 있다. 지금까지 자막 속도에 대한 가장 널리 알려진 규칙은 '2줄 자막을 6초 동안 표시해야 한다'고 받아들여졌었다.[335] 그러나 이러한 규칙이 어떤 근거로 나왔는지 조차도 알려지지 않았다. 자막 속도는 이외에도 국가(언어)마다, 그리고 언어간 특성에 따라 달라질 수 있다. 지금까지 서구권 국가들은 언어권별로 자막 처리에 있어 다양한 관행을 따랐는데, 스칸디나비아 국가들은 12자(cps, character per second),[336] 중부 유럽은 15~16자,[337] 글로벌 온라인 스트리밍은 17~20자를 사용해왔다.[338] 그러나 세월이 흐를수록 자막 속도는 모든 언어권역에서 빨라지고 있는 추세이다. 현대인들은 과거보다 더 길고 더 빠른 자막을 접하고 있으며 이러한 빠른 자막, 긴 자막을 잘 따라잡고 있는지에 대한 연구가 일부 이뤄지고 있다.

예를 들어 한 연구는 시청자들이 점점 더 빠른 자막을 따라잡을 수 있는지 서로 다른 속도(초당 12, 16, 20자)로 자막이 달린 영화를 영국, 폴란드,

---

[335] Jorge Díaz Cintas & Aline Remael, Audiovisual translation: subtitling. Manchester: St. Jerome: 2007.
[336] Jan Emil Tveit, Translating for Television. A Handbook in Screen Translation. Bergen: JK Publishing: 2004.
[337] Agnieszka Szarkowska, Report on the results of an online survey on subtitle presentation times and line breaks in interlingual subtitling. Part 1: Subtitlers. London: University College London, 2016.
[338] Netflix, Timed Text Style Guide: General Requirements. 2016.

스페인 시청자들을 대상으로 실험해봤다.[339] 그 결과 대부분의 시청자들이 자막을 읽을 수 있을 뿐만 아니라 이미지를 따라갈 수 있으며 빠른 자막 속도에도 잘 대처한다는 것을 발견했다. 오히려 영어 동영상에서는 느린 자막이 더 많은 응시를 유발했으며 빠른 자막이 선호되었다. 이러한 결과는 넷플릭스와 같은 영화 시청자들에게 자막의 보다 효율적인 처리를 가능하게 하는 중요한 근거를 제공한다 할 수 있다.

가독성에 영향을 미치는 요인은 글자체, 글자 크기, 행의 길이, 자간, 텍스트의 구조 등과 같이 매우 다양하다. 가독성은 인간의 시야나 안구운동과 밀접한 관련이 있어 자간과 행간이 지나치게 넓을 경우 과도한 안구운동으로 인한 안구 피로를 동반할 수 있으며 이러한 안구 피로는 가독성을 떨어뜨릴 수 있다.[340] 따라서 가독성에 있어서 자간, 행간, 문장의 길이 등은 서체와 더불어 시각 생리학적 혹은 시지각적 관점에서 매우 중요하게 검토되어야 할 요소이다. 또한 이러한 다양한 가독성 요소들은 각각 독립적인 요소로 가독성에 영향을 미치고 있는 것이 아니라 전체 지각으로서 가독성에 영향을 미치고 있다.

---

[339] Agnieszka Szarkowska & Olivia Gerber-Morón, Viewers can keep up with fast subtitles: Evidence from eye movements. PLoS ONE 13(6): e0199331, 2018.

[340] Monica Landoni, Ruth Wilson, & Forbes Gibb, From the Visual Book to the WEB Book: The Importance of Good Design. The Electronic Library, 18(6): 305-314, 2000.

10장

아이처럼 사물을 보다

눈을 통해 학습하는 신생아
6개월 시각 지능 여든까지, 시각지능의 중요성
시각지능을 높이려면
자폐스펙트럼 아동의 경우

눈은
알고
있다

"평소 다른 인종과의 접촉이 많은 사람은 그렇지 않은 사람에 비해 타 인종의 얼굴을 잘 구별한다"

Walker & Hewstone, Applied Cognitive Psychology(2006)

1
눈을 통해 학습하는 신생아

 강아지는 눈을 감은 채로 태어나 출생 후에 눈을 뜨는 걸로 알려져 있다. 눈을 뜨더라도 잘 볼 수 없고 눈을 뜨기 전에는 잠자는데 대부분의 시간을 보낸다. 강아지 눈뜨는 시기는 견종에 따라 차이가 있지만 출생 후 10일에서 2주 사이이다. 강아지가 눈을 감고 태어나는 이유는 눈 자체가 완전히 형성되지 않았고 시신경이 제대로 발달하지 않아서이다. 즉 눈을 뜨지 않은 강아지 눈의 광수용체는 아직 빛을 받을 준비가 되지 않아서 눈꺼풀을 벌려서 억지로 뜨게 하면 시력을 잃을 수도 있다.

 이에 비해 사람의 경우 신생아들은 대부분 눈이 반쯤 감긴 상태거나 실눈을 뜬 상태로 태어나는 아기들이 많다. 신생아들이 눈을 뜨는 시기는 대부분 생후 2,3일 사이에 이뤄지며 2주쯤 지나서야 눈을 뜨는 경우도 있다. 임신 중에도 아기의 눈은 빛이나 모양 및 일부 색상을 인식할 수 있을만큼 충분히 발달한다. 태아의 눈 발달은 임신 약 3주차부터 10주차까지 일어나는데 임신 7주가 되면 이미 태아는 각막, 홍채, 동공, 수정체 및 망막이 발달하기 시작한다. 신생아는 태어나자마자 약 20~30cm 떨어진 물체에 초점을 맞출 수 있다.[341]

바라봄은 유아기에 발달하는 가장 첫 번째 행동 중 하나이다. 심지어 신생아들도 그들 주변의 특정 사물과 사건들을 선택적으로 바라보며 생후 첫 달에 시력은 빠르게 향상된다.[342] 아기들은 태어날 때부터 의사소통 신호에 주의를 기울이는데 신생아는 눈을 감은 얼굴보다 눈을 뜬 얼굴을 더 오래 본다.[343] 이후 시각적 능력은 매우 빠르게 발달하여 생후 약 6개월이 되면 미세한 패턴, 민감도, 방향 등 저수준 시각능력이 형성되며, 1년 동안 다양한 시각적 특성과 범주 정보에 의존하여 점점 더 선택적인 방식으로 시각적 환경을 탐색한다. 이러한 기본적인 기능은 유아기와 초년기 동안 더욱 상세하고 정교해지며 일부 발달은 청소년기까지 계속된다.[344]

---

[341] Parker E. Ludwig, Michael J. Lopez, and Craig N. Czyz, Embryology, Eye Malformations. StatPearls Publishing; 2022.

[342] Francesca Simion, Lucia Regolin, and Hermann Bulf, A predisposition for biological motion in the newborn baby. Proceedings of the National Academy of Sciences, 105(2),809-813, 2008.

[343] Anna Batki, Simon Baron-Cohen, Sally Wheelwright, Jennifer Connellan, and Jag Ahluwalia, Is there an innate gaze module? Evidence from human neonates. Infant Behavior and Development, 23(2), 223-229, 2000.

[344] Karola Schlegelmilch and Annie E. Wertz, Visual segmentation of complex naturalistic structures in an infant eye-tracking search task. PLoS ONE 17(4): e0266158, 2022.

태어난 지 1년쯤 되면 유아들은 다른 사람들 사이의 사회적 상호작용에도 주의를 기울인다. 6개월 된 아이들은 대화 중에 서로 마주 보는 두 사람을 볼 때 대화의 상호 흐름에 따라 더 많은 시선 이동을 수행하며,[345] 9개월 된 아이들은 두 사람이 서로 등을 돌리는 상황과 마주 보는 상황의 상호작용을 제시했을 때 마주 보는 상황을 더 길게 본다.[346] 이러한 연구 결과들은 유아들이 아직 언어를 배우지 않았을 무렵에도 직접적인 상호작용 신호뿐만 아니라 다른 사람들 사이의 사회적 상호작용을 관찰할 수 있는 상황에 주의를 기울인다는 것을 시사한다.

특히 표현 언어를 아직 학습하지 않은 신생아에게 있어 시각은 주변에서 일어나고 있는 일을 감지하고, 식별하고, 이해하는 데 가장 중요하며 신생아의 시선 이동은 깨어 있는 시간 동안 거의 모든 것에 관련되어 있다. 최근까지 유아와 어린이의 시선 움직임을 평가하는 것은 객관적으로 측정하기 가장 어려운 작업 중 하나였다. 따라서 유아와 어린이가 사물을 바라보는 것을 추적하고 분석하는 과학적 시선추적 장비의 출현은 발달심리학에 있어서도 중요한 분수령이 되고 있다.[347]

시선추적 장치는 초기에는 주로 성인을 대상으로 했지만, 지난 수십 년

---

[345] Else-Marie Augusti, Annika Melinder and Gustaf Gredebäck, Look who's talking: Pre-verbal infants' perception of face-to-face and back-to-back social interactions. Frontiers in Psychology, 1, 1-7, 2010.

[346] A. Handl, T. Mahlberg, S. Norling, and G. Gredebäck, Facing still faces: What visual cues affect infants' observations of others? Infant Behavior and Development, 36(4), 583-586, 2013.

[347] Gustaf Gredebäck, Scott Johnson, and Claes von Hofsten, Eye tracking in infancy research. Developmental Neuropsychology, 35(1),1-19, 2009.

동안 이 장비를 유아의 인지, 사회화, 감정 등의 발달과정을 추적하는데 유용하게 쓸 수 있는 가능성이 발견되고 있다.[348] 시선추적 방법은 영유아를 대상으로 할 때 다양한 어려움이 예상된다. 언어를 통한 의사소통이 불가능하기 때문에 유아를 대상으로 명령을 내리거나 자극에 대해 응답하게 하는 등 성인에게 널리 사용하는 방법을 쓸 수가 없다. 따라서 시각적 자극을 얼마나 오랫동안 제시해야 할지, 실험시간이 길어도 되는지, 실험하는 동안 영유아의 지속적인 관심을 유도하려면 어떻게 해야 하는지 등 다양한 난관을 해결해야만 한다. 심지어 의사소통이 원활히 되는 협조적인 성인을 대상으로 한 연구에서도 지속적인 주의 집중과 참여를 유지하는 것이 힘든데 유아의 경우 이러한 문제는 매우 심각할 수 있다.

현재 시중에 개발되어있는 시선추적 장치는 성인을 대상으로 출시되어 있어 유아들의 눈높이와 맞지 않아 유아용 시트를 사용하거나[349] 아기가 더 편안하고 안정감을 느끼기 위해 엄마의 무릎에 앉아야 한다.[350] 어린이들은 말로 의사소통을 하기 전에 이미 많은 것들을 학습한다. 감정을 비롯한 이러한 학습과 발달은 주로 부모들과의 친밀감을 형성하면서 이뤄진다. 인간의 이러한 학습 능력은 삶에 필수적인 것이며 이를 조기에 발견하고

---

[348] Gisane Novaes Balam and Ana Alexandra Caldas Osório, Use of eye tracking technology in infancy research, Revista Psicologia: Teoria e Prática, 20(1), 179-188, 2018.

[349] Erica M. Ellis, Arielle Borovsky, Jeffrey L. Elman, and Julia L. Evans, Novel word learning: An eye-tracking study. Are 18-month-old late talkers really different from their typical peers?, Journal of communication disorders, 58,143-157, 2015.

[350] Emma J. Telford, Sue Fletcher-Watson, Karri Gillespie-Smith, Rozalia Pataky, Sarah Sparrow, Ian C. Murray, Anne O'Hare, and James P. Boardman, Preterm birth is associated with atypical social orienting in infancy detected using eye tracking, Journal of Child Psychology and Psychiatry, 57(7),861-868, 2016.

발달시키는 것은 중요한데 유감스럽게도 아이를 관찰하는 방법은 매우 주관적이고 비용이 많이 들며 체계적이지 않다. 유아는 자신의 생각과 감정을 정확히 표현할 수 없기 때문에 유아의 시선을 추적하여 유아 발달단계를 판단하고 증진시키려는 연구들이 등장하게 되었다.

아파트에서 이웃집 아기를 마주칠 때 아기들이 낯선 사람을 오랫동안 쳐다보는 경향이 있다는 것을 경험한 적이 있을 것이다. 아기들은 왜 이렇게 본능적으로 낯선 사람을 오래 쳐다볼까? 단순히 새로운 사물의 이미지를 처리하려는 것일까 아니면 무엇인가 더 심오한 활동이 이뤄지고 있는 것일까?

핀란드의 연구팀들은 시선추적 장치를 사용해 유아들의 얼굴에 대한 주의 편향(attention bias)을 장기간 측정한 결과, 특히 아기들은 사람들의 두려운 표정과 마주쳤을 때 얼굴에 뚜렷한 주의 편향을 가지게 된다는 것을 발견했다. 이 연구는 또한 이러한 편견이 아이들마다 다르고 그들이 성장함에 따라 감소한다는 것을 보여주었다.[351] 이러한 결과는 다음에 6개월 된 아기와 얼굴을 마주하게 되면, 무서운 표정보다는 온화한 미소를 지어야만 한다는 것을 알려준다.

---

[351] Mikko J. Peltola, Santeri Yrttiaho, and Jukka M. Leppanen, Infants' attention bias to faces as an early marker of social development, Developmental Science, 21(6), November 2018.

2
6개월 시각 지능 여든까지, 시각지능의 중요성

　세 살 버릇 여든까지 간다는 속담이 있다. 이는 세 살 이전에 경험하고 획득한 지식과 습관이 그만큼 중요하다는 의미이다. 그러나 시각의 경우 세 살 보다 훨씬 이전에 시각 지능이 확립되므로 다른 습관보다 더 중요하다고 할 수 있다.

　어린이들은 성인과 같은 언어 처리능력을 갖고 태어난 것이 아니라 자라면서 언어처리 능력이 증가하고 언어 환경에 의해 처리능력이 형성된다. 시선추적 장치를 사용하여 아이들의 언어능력을 평가하는 방법 중 하나는 실제로 있는 사물을 지칭하는데 이용되는 언어표현과의 일치성이다. 예를 들어 생후 6개월이 되었을 때 유아들은 '사과를 보라고 요청했을 때 화면에 나타난 '사과'로 시선을 옮길 수 있음을 발견했다.352) 24개월이 되면 유아들은 '명사(noun)'들로 구성된 단어들을 들려줬을 때 500ms라는 매우 짧은 시간 안에 명명된 이미지들을 보았으며353) 이들은 명사 발음이 완성되기도 전에 이미 해당 사물의 이미지로 안구운동을 시작한다.354)

너무나 당연한 이야기지만 아이들은 자신이 좋아하고 관심이 있는 범주의 단어를 쉽게 배우고 암기한다. 차를 좋아하면 세상의 모든 차 이름을 쉽게 암기하고 공룡을 좋아하면 새로운 공룡 이름을 쉽게 암기하는 것이다. 이는 모국어와 상관없이 전 세계 모든 아이들에 공통된다.

독일의 연구진은 30개월 된 아이들을 대상으로 동물, 옷, 음료 그리고 차량과 같은 다양한 종류의 물체에 대한 각 아이들의 관심 수준을 평가했다. 이후 수행한 시선추적 실험에서 아이들을 다른 단어 자극들에 노출시킨 결과 아이들이 관심이 있는 범주의 대상이 되는 단어에는 강력한 주목 및 학습 효과가 나타난다는 것을 발견했다.355) 그러니 아이들에게 공부하라고 다그칠게 아니라 관심을 가지도록 동기부여를 하는 과정이 우선되어야 할 것이다. 또 다른 독일 연구진들은 시선추적 실험을 통해 아이들이 의사소통

---

352) Elika Bergelson and Daniel Swingley, At 6-9 months, human infants know the meanings of many common nouns. Proceedings of the National Academy of Sciences. 109(9):3253-3258, 2012.

353) Anne Fernald, John P. Pinto, Daniel Swingley, Amy Weinberg, and Gerald W. McRoberts, Rapid gains in speed of verbal processing by infants in the 2nd year. Psychological Science. 9(3):228-231, 1998.

354) Anne Fernald, Daniel Swingley, and John P. Pinto, When half a word is enough: Infants can recognize spoken words using partial phonetic information. Child Development. 72(4), 1003-1015, 2001.

355) Lena Ackermann, Robert Hepach, and Nivedita Mani, Children learn words easier when they are interested in the category to which the word belongs, Developmental Science, 23(3), May 2020.

을 할 때 서로를 바라보는 상황이 학습을 자극하며 사회적 상호작용이 포함된 과업을 수행할 때 더 빨리 배운다는 것을 밝히고 있다.[356]

부모는 자녀의 수준에 따라 자신의 언어를 맞춤화하는 것으로 알려져 있다.[357] 따라서 아이들이 노출되는 언어적 입력뿐만 아니라 이 입력을 어떻게 이해하는지, 아이들의 언어습득 한계를 인지하고 그에 따라 아이들이 주도하는 언어를 맞춤형으로 학습할 수 있는 새로운 접근법이 필요하다. 엄마가 자녀와 대화하는 양의 차이와 같은 엄마의 언어사용 특성이 결국은 자녀의 언어발달과 밀접한 관계를 갖고 있다. 자녀와 더 자주 대화하는 엄마들은 하나의 주제에 대해 여러 가지 다양한 발언을 했고, 자녀와 더 많은 대화를 나눈 엄마들의 경우 아이와 주제 대화를 더 자주 이어간다.[358]

기존의 연구들은 부모 주도 또는 자발적인 이야기책 읽기 모두가 어린 아이들의 구어 발달에 영향을 미친다고 보고하고 있다. 특히 동화책 읽어주기는 어린이들에게 언어와 읽고 쓰는 능력 개발을 촉진하는 데 중요한 역할을 한다는 것이 일반적인 결론이다.[359] 그러나 시선추적 장치의 등장으로 많은 연구들이 아이들이 이야기책을 읽는 동안 실제로 읽기 능력의 향상을

---

[356] Maleen Thiele, Robert Hepach, Christine Michel, Gustaf Gredebäck, and Daniel B. M. Haun, Social interaction targets enhance 13-month-old infants' associative learning, Infancy, 26(3), 409-422, May/June 2021.

[357] Janellen Huttenlocher, Marina Vasilyeva, Heidi R. Waterfall, Jack L. Vevea, and Larry V. Hedges, The varieties of speech to young children. Developmental Psychology, 43(5):1062-1983, 2007.

[358] Erika Hoff-Ginsberg, Influences of mother and child on maternal talkativeness, Discourse Processes, 18(1), 105-117, 2009.

[359] Monique Sénéchal, Stephanie Pagan, Rosemary Lever & Gene P. Ouellette, Relations among the frequency of shared reading and 4-year-old children's vocabulary, morphological and syntax comprehension, and narrative skills. Early Education and Development, 19(1), 27-44, 2008.

보여줄 수 있는지를 검증하려는 시도를 하고 있다.

그림과 단어는 이야기책의 두 가지 중요한 요소이다. 특히 어린이들이 동화책 읽기 활동에서 단어를 많이 보지 않는다는 연구 증거가 꾸준히 제시되고 있다는 점이 눈에 띈다. 동화책 읽기에 대한 미취학 아동의 시선 측정 결과 그들이 단어를 보는 데 거의 시간을 보내지 않는다는 것을 발견했다.360) 즉 텍스트보다 그림에 대해 강한 시지각적 주목을 한다는 결과는 부모 주도의 독서와 아이들의 자발적 독서에서 모두 발생했다.

중국에서는 지난 20년 동안 점점 더 많은 수의 독서 연구들이 시선 추적 기술을 사용해왔다. 중국 어린이들의 동화책 읽기에 대한 시선 추적 연구는 미취학 아동들이 그림보다 단어를 훨씬 덜 보는 것으로 나타났다.361) 한 연구는 무려 1,718명의 참가자로부터 얻은 안구 운동 측정 데이터를 제시했는데 이에 따르면 중국어와 알파벳 읽기 사이에 많은 유사점이 발견되었다.362) 이러한 시선추적 실험 결과 아이들이 단어에 집중하는 시간이 거의 없다는 사실은 흥미로운 질문을 제기한다. 과연 아이들은 이야기책을 읽는 동안 단어를 배우는가?

눈의 움직임은 독서와 관련된 가장 근본적인 행동 중 하나이다. 흔히 한

---

360) Mary Ann Evans, Karen Williamson, and Tiffany Pursoo, Preschoolers' attention to print during shared book reading. Scientific Studies of Reading, 12(1), 106-129, 2008.

361) N. Liu, G. Yan, & M. Ding, Eye movement study on preschool children's attention to print during picture book reading in two different reading styles. Studies in Preschool Education, 209(5), 10-16, 2012.

362) Guangyao Zhang, Panpan Yao, Guojie Ma et al. The database of eye-movement measures on words in Chinese reading. Scientific Data 9, Article number 411, 2022.

장의 사진이 천 단어 이상의 말보다 가치가 있다고 한다. 그럼에도 어린이들이 단어가 아닌 그림 중심의 독서활동을 한다는 이러한 연구결과들은 그림이나 이미지가 특정 맥락에서 천 단어 이상의 가치가 있다는 옛 속담을 부분적으로 뒷받침한다.[363]

---

[363] Edmund W. J. Lee and Shirley S. Ho, Are Photographs Worth More Than a Thousand Words? Examining the Effects of Photographic-Textual and Textual-Only Frames on Public Attitude Toward Nuclear Energy and Nanotechnology, Journalism & Mass Communication Quarterly Vol. 95(4) 948-970, 2018.

3

시각지능을 높이려면

 영국 총리로 옛 식민지 인도 혈통 출신의 리시 수낙(Rishi Sunak)이 취임한 것을 비롯해 전 세계 정치와 경제계에서 인도계의 활약이 두드러지고 있다. 미국 부통령 카멀라 해리스(Kamala Harris)는 어머니가 인도계이며 미국 헌정 사상 첫 여성부통령이자 흑인 부통령이라는 역사를 기록했다. 마이크로소프트 최고경영자 사티아 나델라(Satya Nadella), 트위터 CEO 퍼라그 아그라왈(Parag Agrawal), 구글 CEO 순다르 피차이(Sundar Pichai)등 글로벌 IT기업의 수장이 모두 인도계이다.

 인도는 숫자 '0', 미적분학 기초인 '무한급수' 개념을 가장 먼저 사용한 나라로 어릴 때부터 교육의 목표를 수학 능력 향상에 맞춘 것이 IT, 재무,

회계 분야에서 인도계의 약진으로 이어진 비결이라고 진단한다. 이런 이유로 영국 총리 수낙은 취임하자마자 수학과목을 18세까지 의무적으로 시키겠다고 발표한바 있다. 이러한 계획은 영국에서 수학 불안(Maths Anxiety)으로 고통 받는 사람들에게 더 큰 고통을 줄 수 있다. 수학 불안은 수학에 대한 부정적인 감정적 반응으로 정의되며, 수학적 문제에 직면했을 때 다양한 무력감, 공황, 정신적 혼란을 초래하는 현상을 말한다.

시카고 대학의 한 연구[364]는 수학 불안이 신체적 고통을 유발할 수 있다는 것을 보여주었는데 연구원들은 이것이 소위 '수포자(수학을 포기한 사람)'의 이유를 설명할 수 있다고 주장한다. 수학불안의 원인으로는 유전적 원인을 들기도 한다.[365]

그렇다면 과연 18세까지 수학을 의무적으로 공부를 시키는 것이 두뇌발달에 긍정적인 영향을 미치는 것일까. 수학 의무교육은 까다로운 수학 문제를 푸는 것이 장기적으로 두뇌 발달에 도움이 된다는 전제가 깔려 있다. 예를 들어 옥스퍼드(Oxford) 대학의 연구는 16세에 수학 공부를 그만두는 것이 두뇌 발달에 부정적인 영향을 미칠 수도 있다는 것을 발견했다.[366] 또 다른 조사는 18세까지 수학을 계속 공부하는 것이 더 높은 보수를 받는 직업으

---

[364] Ian M. Lyons & Sian L. Beilock, When Math Hurts: Math Anxiety Predicts Pain Network Activation in Anticipation of Doing Math. PLoS ONE 7(10): e48076, 2012.

[365] Zhe Wang, Sara Ann Hart, Yulia Kovas, Sarah Lukowski, Brooke Soden, Lee A. Thompson, Robert Plomin, Grainne McLoughlin, Christopher W. Bartlett, Ian M. Lyons, and Stephen A. Petrill, Who is afraid of math? Two sources of genetic variance for mathematical anxiety, Journal of Child Psychology and Psychiatry, 55(9), pp. 1056-1064, 2014.

[366] George Zacharopoulos, Francesco Sella and Roi Cohen Kadosh, The impact of a lack of mathematical education on brain development and future attainment, Biological Sciences, PNAS, 118(24) e2013155118, June 7,2021.

로 이어지며 수학을 더 높은 수준으로 공부한 사람들이 그렇지 않은 사람들보다 임금을 더 많이 벌었다는 것을 발견했다.367)

미국 에모리(Emory) 대학의 연구는 생후 6개월 된 아이의 공간 인식능력이 나중에 수학을 얼마나 잘 할 수 있는지를 보여줄 수 있다는 결과를 발표했다.368) 이 연구는 유아의 공간 인식능력과 수학능력의 연결고리를 발견했으며 왜 어떤 사람들은 수학을 즐겁게 받아들이고 다른 사람들은 회피하는지를 설명해준다. 연구팀은 시선추적 장치를 사용해 6개월에서 13개월 사이의 63명의 유아들에게 정신회전이라고 알려진 시각적 공간 기술, 즉 일종의 테트리스 퍼즐과 유사한 물체를 변형하고 회전시키는 능력을 테스트했다. 아이들 중 53명은 4년 후 수학적 개념을 포함한 정신회전 능력을 다시 테스트 받았는데 유아기에 공간 인식 관련 자극과 더 많은 시간을 보낸 아이들이 4년 후 테스트에서 더 높은 정신회전 능력을 유지했고 수학 문제해결도 더 잘 수행했다는 것을 보여주었다.

---

367) The Dearing Review, Review of Qualifications for 16-19 year olds, Hayes: SCAA Publications 1996.
368) Jillian E. Lauer and Stella F. Lourenco, Spatial Processing in Infancy Predicts Both Spatial and Mathematical Aptitude in Childhood, Psychological Science, 27(10) 1291-1298, 2016.

그림 16 유아를 대상으로 한 정신회전 시선추적 실험
(출처: Lauer and Lourenco, 2016, Emory대학 연구소)

이러한 결과는 태어난 후 1년 이내에 주어지는 초기 공간에 대한 시각경험이 나중의 공간 지능은 물론 수학 성취도를 좌우한다는 것을 시사한다.

4

자폐스펙트럼 아동의 경우

　이처럼 시선추적 기술은 발달심리학 분야에서 유아의 인지, 사회, 정서적 능력의 성장과 변화를 분석하는데 사용이 늘고 있다. 스웨덴 웁살라(Uppsala) 대학의 연구진들은 정상적인 아동과 자폐스펙트럼을 가진 아동의 사회적 상호작용의 차이를 밝히기 위해 시선추적 장치를 사용하고 있는데[369] 이는 자폐 스펙트럼 장애(ASD)를 가진 어린 아이들이 말을 하지 않더라도 시선추적을 통해 연구할 수 있는 장점이 있기 때문이다.

　통상 자폐스펙트럼의 징후는 행동 수준이 아닌 초기 뇌진단 결과로 발견할 수 있다고 보고되었으며[370] 한 유아 연구는 나중에 진단된 ASD의 행

---

[369] Claes von Hofsten and Kerstin Rosande, Perception-action in children with ASD. Frontiers in Integrative Neuroscience 2012 Dec 12;6:115.

동 징후가 뇌진단 방법을 통해 생후 6개월부터 식별할 수 있다는 것을 밝혀냈다.[371]

이같은 뇌 스캔 방법보다 시선추적 장치를 자폐 징후의 판단 수단으로 사용하는 것은 장점이 많은데 자폐 스펙트럼 장애 아동들에 대한 다양한 연구 중 시선추적 장치를 사용한 눈의 움직임에 대한 특성들이 중요하다는 공감대가 형성되고 있다.[372] 이러한 연구결과들에 따르면 ASD 아동들은 상대방의 얼굴에 대한 주의력 감소와 비사회적 대상에 대한 관찰 시간 증가 등의 특징을 보인다.[373]

또한 시선추적 장치를 이용해 상황정보 유무에 따른 스토리텔링의 영향을 분석한 결과 자폐스펙트럼장애 아동은 사회적 맥락 정보가 포함된 정적 정보(사진)에서는 주목 효과가 나타났지만 동적 정보(비디오)에서는 그렇지 않다는 것을 보여주었다.[374] 사람을 직접적으로 눈을 마주치며 보는 시선행위는 사회적 상호작용과 의사소통의 가장 중요한 요소 중 하나로 여겨지는

---

[370] Mayada Elsabbagh & Mark H. Johnson, Getting answers from babies about autism. Trends in Cognitive Sciences 14(2): 81-87, 2010.

[371] Katarzyna Chawarska, Suzanne Macari, and Frederick Shic, Decreased spontaneous attention to social scenes in 6-month-old infants later diagnosed with autism spectrum disorders. Biological Psychiatry 74(3): 195-203, 2013.

[372] Teodora Gliga, Mayada Elsabbagh, Kristelle Hudry, Tony Charman, and Mark H. Johnson, Gaze following, gaze reading, and word learning in children at risk for autism. Child Development. 83(3), 926-938, 2012.

[373] Karen Pierce, David Conant, Roxana Hazin, Richard Stoner, and Jamie Desmond, Preference for geometric patterns early in life as a risk factor for autism. Archives of General Psychiatry 68(1), 101-109, 2011.

[374] Wilson Y. F. Tang, Kenneth N. K. Fong, and Raymond C. K. Chung, The Effects of Storytelling With or Without Social Contextual Information Regarding Eye Gaze and Visual Attention in Children with Autistic Spectrum Disorder and Typical Development: A Randomized, Controlled Eye-Tracking Study. Journal of Autism and Developmental Disorders 52:1257-1267, 2022.

데375) 이는 사람간의 상호 시선교류는 일반적으로 서로의 의사소통에 있어 두 사람이 상호작용에 지속적으로 참여하고 있다는 신호 역할을 하기 때문이다. 그러나 자폐 스펙트럼 장애가 있는 사람들은 일반적으로 다양한 맥락에서 사회적 의사소통과 사회적 상호작용을 할 수 없는 특징을 갖고 있다.376) 언어적 및 비언어적 사회적 의사소통 기술의 부족으로 인해 ASD를 가진 사람들은 일반인에 비해 직접적인 시선교류의 감소를 보여준다.377) 이러한 사회적 행동은 보통 "무관심"으로 오해받는데 시선 회피 행동은 본질적으로 의도적이기보다는 뇌의 선천적 결함 때문이다.

그렇다면 이러한 시선회피와 같은 행동은 개선될 수 있을까. 시선추적 훈련을 받은 ASD 아동들은 매주 50분씩 8개월간의 훈련을 받은 결과 기억력과 읽기능력에서 상당한 향상을 보였다. 또한 주의력 및 충동성의 현저한 개선, 시각적 주의 및 언어 기억력의 향상 등의 결과를 보였다.378) 따라서 휴대폰이나 스마트 패드 등 안구 인식 장치가 있는 도구를 활용해 자폐 스펙트럼 장애가 있는 아동들에 대한 시지각 훈련을 시키는 것은 이제 기술적으로도 쉽고 비용효율적인 치료가 될 수 있다고 하겠다.

---

375) Gergely Csibra & Gergely György, Social learning and social cognition: The case for pedagogy, Attention and Performance 21(1), 249-274, 2006.

376) Muhammed A. Karal and Pamela S. Wolfe, Social Story Effectiveness on Social Interaction for Students with Autism, Education and Training in Autism and Developmental Disabilities, 53(1), 44-58, March 2018.

377) Atsushi Senju & Mark H. Johnson, The eye contact effect: mechanisms and development, Trends in Cognitive Sciences 13(3):127-34, 2009.

378) Agnes S. Chan, Tsz-Lok Lee, Sophia L. Sze, Natalie S. Yang & Yvonne M. Y. Han, Eye-tracking training improves the learning and memory of children with learning difficulty, Scientific Reports 12, 13974, 2022.

11장

보기에 좋은 떡이 맛있다

맛집과 멋집
과연 소비자는 똑똑한가
메뉴 결정 장애와 시선

눈은
알고
있다

"우리는 누구나 천재성이 있는데 강력한 좌뇌의 억압에 의해 이러한 능력을 발휘하지 못하고 있다 좌뇌의 통제력을 무력화시키면 천재성을 발휘시킬 수 있다"

Snyder,Transactions of the Royal Society of London B Biological Sciences(2009)

1
맛집과 멋집

 맛집 검색을 해서 블로그 리뷰가 수천개 가까이 달린 식당을 발견하곤 거의 한 시간 이상 줄서서 기다리다 먹은 경험이 있을 것이다. 그러나 블로그 리뷰 및 기대와는 달라서 실망한 경험들도 있을 것이다. 이처럼 "맛집인 줄 알고 갔더니 멋집이더라"라는 우스갯소리처럼 맛집들은 대부분 멋집인 경우가 많다.

 전 세계 맛집의 대명사로는 미슐랭 가이드에 게재된 식당들을 꼽는데 미슐랭 선정 기준으로는 요리재료의 수준. 요리법과 풍미의 완벽성. 요리의 개성과 창의성. 가격에 합당한 가치. 메뉴의 통일성과 언제 방문해도 변함없는 일관성 등인데 어디에도 분위기나 서비스 식기, 디스플레이 등의 요소는 고려사항이 아니라고 명시되어 있다. 그런데도 왜 식당들은 요리 자체보다 가게 분위기나 인테리어, 요리의 가니쉬(garnish)[379] 등에 그렇게 신경을 쓰는 것일까. 연구에 따르면 어떤 색상의 그릇에 음식을 담아내느냐에 따라 그리고 음식의 색상에 따라 맛에 대한 평가가 달라진다고 한다.

  평소 편식을 하는 사람은 빨간색 그릇에 담긴 음식을 더 짜고 맛없게 느낀다는 연구 결과가 있다. 영국 연구진은 음식을 담는 그릇의 색깔에 따라 사람들의 미각이 자극되는 수준이 달라진다는 분석 결과를 발표한 바 있는데[380] 세 개의 다른 색(빨강, 파랑, 흰색) 그릇에 동일한 감자칩을 제공한 결과 빨간색 그릇에 담긴 감자칩이 소금기가 더 높고 가장 바람직하지 않은 것으로 평가되었다. 편식을 하는 이들은 흰색 그릇보다 빨간색 그릇이나 파란색 그릇에 담긴 감자칩을 더 짜다고 느꼈는데, 특히 빨간색 그릇에 담긴 감자칩은 맛없다고 느끼는 것으로 조사됐다. 그러나 그릇 색깔에 따라 맛을 달리 느끼는 건 편식을 하지 않는 사람들에게는 해당되지 않는 특징이었다.

  식품과학의 한 분야인 분자식품학에서는 색상이나 소리, 냄새 등 음식의 맛에 영향을 주는 다양한 물리적, 화학적 요소 등을 제시하고 있다. 예를 들어 사람들이 굴과 같은 해산물을 제공할 때 음식과 일치하는 소리(바다)와 일치하지 않는 소리(농장)를 들으면 일치하는 소리일 때 해산물을 더 많

---

[379] 완성된 음식의 모양이나 색을 좋게 하고 식욕을 돋우기 위해 음식 위에 곁들이는 장식
[380] Madison Annette & Lorenzo D. Stafford, How colour influences taste perception in adult picky eaters, Food Quality and Preference Volume 105, January 2023.

이 먹는 것을 즐긴다는 연구가 그것이다.[381] 이외에도 식사 경험에 영향을 미치는 감각 요인으로 냄새[382], 색상 및 커트러리(cutlery)등의 요소가 음식을 맛보기도 전에 이미 사람들이 음식을 선호하는 정도에 영향을 미친다.[383]

이렇게 인간이 가진 오감이 모두 음식 맛에 대한 평가에 영향을 주지만 시선추적 장치의 등장으로 시각과 관련된 요소들과 미각에 미치는 관련성을 연구하는 시도들이 나오고 있다. 미국의 유명한 색채학자인 비렌(Faber Birren, 1900~1988)은 음식의 맛은 눈으로 보이는 색채에서 시각적으로 먼저 느끼고 그 다음 실제 음식을 미각으로 경험한 후 맛이 좋은지를 알게 해준다고 평가한 바 있다. 음식은 색 자체가 가진 특성과 연상 작용으로 인해 식욕을 상승시키거나 정서적인 감정의 변화를 유도하는데 식품의 색과 맛에 대한 과거의 경험을 바탕으로 맛을 연상시킨다는 것이다.[384]

예를 들어 파란 라면이나 보랏빛 카레를 보면 식욕이 생기기보다 왠지 먹으면 탈이 날 것 같은 느낌이 들 것인데 이는 파란색은 한색 계열이라서 식욕을 억제해주는 컬러라고 알려져 있기 때문이다. 이처럼 색상은 시각을 통해 의미와 메시지를 뇌에 전달해 맛, 냄새, 소리, 촉감 등을 함께 느끼게

---

[381] Betina Piqueras-Fiszman & Charles Spence, Sensory expectations based on product-extrinsic food cues: An interdisciplinary review of the empirical evidence and theoretical accounts. Food Quality and Preference, 40(Part A), 165-179, 2015.

[382] Sandrine Monnery-Patris, Sandra Wagner, Natalie Rigal, Camille Schwartz, Claire Chabanet, Sylvie Issanchou, and Sophie Nicklaus. Smell differential reactivity, but not taste differential reactivity, is related to food neophobia in toddlers. Appetite. 95:303-309, 2015 Dec.

[383] Vanessa Harrar & Charles Spence, The taste of cutlery: how the taste of food is affected by the weight, size, shape, and colour of the cutlery used to eat it. Flavour 2, 21, 2013.

[384] Faber Birren, Color Psychology and Color Therapy: A Factual Study of the Influence of Color on Human Life Paperback, Martino Fine Books, 2013.

한다. 음식은 눈으로 봤을 때 촉감과 연결되어 촉촉하거나 건조하게 또는 부드럽거나 거칠게 느껴지기도 한다.

프랑스의 색채연구가 데리베레(Déribéré)는 맛을 대표하는 색채에 대한 결과를 다음과 같이 주장한 바 있다.[385] 그는 빨강과 핑크색이 단맛을 연상하기 때문에 난색 계열의 색상이 식욕 증진에 도움이 된다고 서술했다.

| 단맛 | Pink | Red | 쓴맛 | Maroon | Brown | OliveGreen |
| 신맛 | Yellow | YellowGreen | 짠맛 | BlueGreen | Gray | White |

표 1 Deribere의 색상과 미각의 연관표

한 시선추적실험은 음식 포장디자인의 주요 색상이 음식의 맛(향미)과 일치하는 것이 중요하다는 분석 결과를 제시하고 있다. 이 실험은 참가자들이 특정 맛이 표시된 포장을 찾을 때 주로 색상에 의존하며 색상을 통해 음식을 찾을 수 없을 때는 단어 기반 검색으로 전환하는 경향이 있다고 분석했다.[386] 즉 이러한 연구결과는 매장 혹은 온라인에서 소비자의 관심을 끌기 위해서는 새로운 맛에 대한 포장 디자인에서 색상과 향미의 일치를 사용하는 방법에 대한 연구들이 있어야 한다는 것을 의미한다.

또한 초콜릿 포장디자인을 보는 구매자의 시각적 스캔 경로를 시선추적 장치로 실험한 한 연구는 초콜릿 포장 디자인의 다양한 요소와 배열(레이아웃) 중 포장의 좌측 상단이 가장 중요하다는 결과를 제시하고 있다. 연구자

---

[385] Maurice Déribéré, La couleur: Que sais-je?, Kindle Edition, (June 4, 2014).
[386] Jianping Huang, Yubin Peng, and Xiaoang Wan, The color-flavor incongruency effect in visual search for food labels: An eye-tracking study, Food Quality and Preference Volume 88, March 2021.

들은 다양한 초콜릿 포장 디자인을 설계한 후 소비자들이 이를 어떻게 바라보는지 관찰 패턴을 조사했는데 크게 두가지 관찰 패턴이 있음을 발견했다. 첫 번째는 소비자들은 우선 가장 중요한 포장 디자인 요소를 먼저 본 다음 덜 중요한 요소로 이동하며, 두 번째는 포장의 왼쪽 상단을 가장 우선적으로 바라보는 경향이 있다는 것이었다.[387]

레스토랑의 메뉴 선택시 색상이 미치는 영향을 조사한 실험도 비슷한 결과를 보여주고 있다. 컬러로 구성된 메뉴에 노출되었을 때 사람들의 시선은 메뉴 중앙을 먼저 보지만 색상을 제거하고 흑백으로 제시했을 때에는 메뉴 왼쪽 상단을 먼저 보는 경향을 보인다.[388] 메뉴 선택 이전에 소비자와 밀접한 관련을 갖고 있는 선택은 음식점의 외관이다. 간판이나 가판대, 매장의 인테리어 등은 소비자의 시각적 관심을 유도하는 가장 중요한 접점이다. 이러한 가게의 외관 선택에 대한 시선추적 실험도 시도되고 있는데[389] 아직 뚜렷한 발견사항은 없는 실정이다.

코로나로 본격화된 비대면 환경은 택배와 같은 물류 산업을 비약적으로 발달시켰으며 음식의 주문과 소비 또한 온라인 주문이 급격하게 늘고 있다. 소비자의 온라인 및 오프라인 식품 선택에 대한 시선추적 연구는 아직 초

---

[387] Rubén Rebollar, Iván Lidón, Javier Martín, Miriam Puebla, The identification of viewing patterns of chocolate snack packages using eye-tracking techniques, Food Quality and Preference Volume 39, 251-258, January 2015.

[388] Joshua K. Smith, Jacob D. Guliuzo, Jacob D. Benedict, & Barbara S. Chaparro, An Eye-Tracking Analysis of a Restaurant Menu, Proceedings of the Human Factors and Ergonomics Society 2019 Annual Meeting, 1522-1526.

[389] Yoowha Jeon, Mi Sook Cho, and Jieun Oh, A study of customer perception of visual information in food stands through eye-tracking, British Food Journal, 123(12), 4436-4450, 2021.

기 단계이긴 하지만 화면으로 본 가상식품과 실제 식품의 선택 사이의 상관관계를 살펴본 연구가 있다.[390] 이 연구는 모바일 시선추적 장치를 착용한 채 서로 다른 배열을 가진 8개의 일반적인 스낵 식품을 보여준 후 세 가지 종류의 음식선택을 하도록 한 결과, 가상 환경에서 본 식품 항목을 실제 선택하는 경우가 많았다. 그러나 화면에서 오랫동안 보는 것과 그 식품을 선택하는 것 사이의 상관관계는 통계적으로 유의하지 않았다.

유엔식량농업기구(FAO)에 따르면 2005년 기준으로 세계 인구의 7분의 1에 이르는 8억 5천만명 이상이 심각한 만성 영양실조 상태에 놓여있다고 한다. 최근 미국에서는 역설적이게도 비만과 굶주림이 동시에 늘고 있다는 뉴스가 나왔다.[391] 세계 비만연맹이 발표한 보고서에 따르면 2030년에는 전 세계 성인 비만인구가 10억명을 넘어설 것으로 전망된다. 지구촌 한쪽에서는 비만을 해결하기 위해 다이어트가 성행하는데 한쪽에서는 하루에 10만명이 굶어죽어 가고 있는 것이 현실이다.

선진국 사회에서 비만이 늘고 있는 이유는 소비자들이 끊임없이 고열량의 음식(특히 정크푸드)에 둘러싸여 있기 때문이다.[392] 특히 유튜브와 같은 1인미디어의 발달로 소위 먹방이라고 하는 영상물이 늘어나면서 이를 시청한 후 결국 음식의 섭취라는 행동으로 이어지는 것이 비만의 중요한 원인

---

[390] Mei Peng, Hannah Browne, Jimmy Cahayadi, and Yusuf Cakmak, Predicting food choices based on eye-tracking data: Comparisons between real-life and virtual tasks, Appetite, Volume 166, 1 November 2021, 105477.

[391] KBS [지구촌 돋보기] 美 "비만·굶주림과 전쟁"…뚱뚱해지는 지구, 2022.9.30.일자.

[392] Tim Townshend & Amelia Lake, Obesogenic environments: current evidence of the built and food environments, Perspectives in Public Health, 137(1):38-44, 2017.

이 되고 있다.

비만의 원인에 관한 여러 설명 중 음식에 대한 주의 편향(Attentional Bias, AB)이 특히 음식에 대한 갈망과 과식을 유발한다는 설명이 있다. 비만인 사람들이 음식을 보는 방식은 향락(맛)과 건강(칼로리) 사이에서 갈등하는 경우가 많은데 비만을 유발하는 음식들은 대부분 높은 쾌락과 낮은 건강 가치를 동시에 가지고 있기 때문이다. 음식에 대한 동영상을 보여주고 시선추적 실험을 한 결과 음식에 대한 주의편향(응시)은 음식 섭취에 영향을 미쳤다.[393] 즉 먹방을 보면 먹게 되어 있다는 것이다.

그러나 모든 사람이 비만을 유발하는 환경에 똑같이 영향을 받는 것은 아닌데 특히 고칼로리 식품에 대한 주의편향에 대한 차이가 있는 것으로 나타났다. 이에 따르면 과체중과 비만을 가진 사람들은 건강한 체중의 사람들에 비해 음식에 대한 주의 편향이 증가하며 이에 따라 과식과 체중 증가로 이어질 수 있다고 한다. 많은 연구결과들이 과체중과 비만을 가진 사람들이 건강한 체중의 사람들에 비해 고칼로리 음식에 대해 더 강한 주의편향을 가지고 있다는 가설을 증명하고 있다.[394]

그러나 한편에서는 오히려 비만인들이 고열량 식품에 대한 주의회피 패턴을 보이며 음식에 대한 주의편향에 있어 일반인과 별다른 차이가 없다는

---

[393] Leonardo Pimpini, Sarah Kochs, Wieske van Zoest, Anita Jansen, and Anne Roefs, Food Captures Attention, but Not the Eyes: An Eye- Tracking Study on Mindset and BMI's Impact on Attentional Capture by High-Caloric Visual Food Stimuli, Journal of Cognition, 5(1), 19, 2022.

[394] J. J. Hendrikse, R. L. Cachia, E. J. Kothe, S. McPhie, H. Skouteris, and M. J. Hayden, Attentional biases for food cues in overweight and individuals with obesity: A systematic review of the literature. Obesity Reviews, 16(5), 424-432, 2015.

결과들을 제시하고 있어[395] 고열량 식품에 대한 주의편향은 일관성이 없음을 보여주고 있다.

---

[395] K. J. Doolan, G. Breslin, D. Hanna and A. M. Gallagher, Attentional bias to food-related visual cues: Is there a role in obesity? Proceedings of the Nutrition Society, 760, 37-45, 2014.

2

과연 소비자는 똑똑한가

영상의 시대를 맞이하면서 다양한 제품과 서비스에 대한 시각 처리는 소비자 과학의 핵심 요소가 되어가고 있다. 소비자들은 식품 종류, 포장, 라벨 디자인, 광고, 슈퍼마켓 선반, 식품 메뉴 및 기타 눈에 보이는 식품 정보에 끊임없이 시각적으로 노출이 되고 있으며 주의를 기울이게 된다. 소비자 과학을 연구하는 사람들은 시선추적 장치의 등장 이후 소비자의 시각적 처리를 다양한 관점에서 연구하고 있다.[396]

영양 성분표(Nutrition Facts Label)는 많은 국가에서 대부분의 포장 식품에

---

[396] Kosuke Motoki, Toshiki Saito, and Takuya Onuma, Eye-tracking research on sensory and consumer science: A review, pitfalls and future directions, Food Research International, Volume 145, 2021, 110389.

요구되는 표식으로 식품에 어떤 영양소와 기타 성분이 포함되어 있는지 보여주며 우리나라에서는 1994년 도입되었다. 영양 성분표 못지않게 원산지 표시(COO, Certificate of Origin)도 중요한데 과거에는 원산지 표시가 수입물품의 관부가세 적용과 면제 등을 위해 필요했다면 식품의 경우 지금은 안심하고 믿을 수 있는 식재료 분별을 위해 소비자들이 눈여겨보는 정보 중의 하나이다.

이처럼 식품 소비자의 구매 결정에 큰 영향을 미칠 수 있는 식품 라벨에 대한 시선추적 실험들이 많이 이뤄지고 있다. 전통적으로 식품 라벨에 대한 소비자들의 인식에 대한 측정은 설문조사와 같은 자체 보고 방법을 주로 사용해왔다.[397] 그러나 최근의 소비자 과학은 식품 라벨로부터 정보를 획득하는 방법을 평가하기 위해 시선 추적 기법을 점점 더 많이 사용하고 있다.

와인이나 초콜릿, 기능성 식품 등의 포장 디자인을 어떻게 보는지에서부터, 그러한 바라봄과 실제 구매와의 관계, 구매결정의 과정과 만족도 등에 이르기까지 다양한 시선추적 연구들이 시도되고 있다. 심지어 식당의 메뉴판을 보고 선택하는 과정, 식당을 선택하는 과정 등에 이르기까지 시선추적 방법이 사용된다.

대부분의 소비자들이 식품 구매시 영양 성분표나 원산지 정보 혹은 친

---

[397] D. Mackison, W. L. Wrieden, and A. S. Anderson, Validity and reliability testing of a short questionnaire developed to assess consumers' use, understanding and perception of food labels. European Journal of Clinical Nutrition 64, 210-217, 2010.

환경 정보 등을 보고 산다고 말하는데 실제로 그러한 정보를 보고 사는지는 알 수 없다. 한 연구에 따르면 포장에 사용될 라벨의 정보 중 당분과 같은 내용을 더 큰 표시로 표현한 결과 참가자의 절반 이상이 구매 결정을 내리기 전 그 정보를 보면서 상당한 시간을 보낸다는 것을 발견했다. 2018년 이뤄진 이 시선추적 실험결과에 의거해 미국의 영양 성분표는 당분이나 지방과 같은 주요 성분표시를 큰 글씨로 표기하기 시작했다.[398]

영양 성분표와 같은 식품 라벨의 사용은 소비자들이 건강하게 먹는 것을 돕기 위해서 도입했는데 설문조사 결과 이러한 식품 라벨 정보를 이용한다는 소비자들의 증가에도 불구하고 비만율은 낮아지지 않고 오히려 증가하고 있는 실정이다. 한 연구는 개인이 식품 라벨을 바라보는 패턴을 시선추적 장치를 사용해 측정한 후 자기보고식 방법과 일치하는지 여부를 조사하였다. 그 결과 참가자들은 과일과 야채, 크래커, 견과류와 같은 스낵류, 그리고 아이스크림과 쿠키와 같은 디저트류와 비교했을 때 피자, 수프, 요구르트와 같은 식사 품목의 라벨을 더 오래 바라보았다. 또한 참가자들은 그들이 구매하지 않기로 결정한 식품에 비해 구매하기로 결정한 식품의 라벨을 보는데 더 오랜 시간을 보냈다.[399]

소비자들은 이렇게 식품류를 구매할 때 원산지와 같은 제품의 외적 요

---

[398] Mary T. Gorski Findling, Paul M. Werth, Aviva A. Musicus, Marie A. Bragg, Dan J. Graham, Brian Elbel, and Christina A. Roberto, Comparing five front-of-pack nutrition labels' influence on consumers' perceptions and purchase intentions. Preventive Medicine, 106:114-121, 2018.

[399] Dan J. Graham & Robert W. Jeffery, Predictors of nutrition label viewing during food purchase decision making: An eye tracking investigation. Public Health Nutrition, 15(2), 189-197, 2012.

소에 끌리는 경향이 있다. 예를 들어 호주 소비자를 대상으로 한 조사에서 가격과 와인 원산지 정보는 호주산 와인을 평가할 때 소비자에게 가장 중요한 요소였다.[400] 와인의 경우 이러한 정보는 와인 라벨에 기재가 되는데 와인 라벨은 개인마다 다르지만 대부분의 와인초보자들이 구매 결정을 하는 중요한 요소로 자리 잡고 있다.

와인 라벨 정보 중 원산지 정보(COO)는 와인 구매가능성의 지표로 간주되며 소비자들이 와인을 선택할 때 등급이나 품질 못지않게 중요할 수 있다.[401] 물론 와인의 원산지 정보 라벨만으로 시장에서 성공이 보장되지는 않으며 기존에 소비자가 갖고 있는 정보와 관련이 있지만 와인 라벨은 여전히 소비자 행동에 영향을 미치는 중요한 자극 특성이라 할 수 있다.

와인 라벨에 대한 시선추적 연구는 와인 라벨이 소비자의 시선과 구매 결정을 반영하고 편향시킬 수 있다는 것을 보여주었다. 즉 소비자가 와인 라벨을 바라보는 시선을 측정하면 그 사람이 와인에 대해 어떻게 느끼는지와 그 와인을 구매할 가능성에 대해 알 수 있다는 것이다. 이 연구에 따르면 와인 라벨을 오래 볼수록 더 많은 인지적 처리가 일어나고 무의식적으로 선호도가 높아진다.[402] 따라서 시선을 끄는 매력적인 라벨을 붙이는 것

---

[400] C. Chrea, Lauro Melo, G. Evans, C. Forde, C. Delahunty, and D. Cox, An investigation using three approaches to understand the influence of extrinsic product cues on consumer behavior: An example of Australian wines. Journal of Sensory Studies 26, 13-24, 2010.

[401] Heber Rodrigues, Julien Rolaz, Ernesto Franco-Luesma, María-Pilar Sáenz-Navajas, Jorge Behrens, Dominique Valentin, and Nicolas Depetris-Chauvin, How the country-of-origin impacts wine traders' mental representation about wines: A study in a world wine trade fair. Food Research International. 137, 109480, 2020.

[402] Gastón Ares, Ana Giménez, Fernanda Bruzzone, Leticia Vidal, Lucía Antúnez, and Alejandro Maiche, Consumer visual processing of food labels: Results from an eye-tracking study. Journal of Sensory

은 와인이 구매될 가능성을 높일 수 있는 것이다.

또한 라벨 유형에 관계없이 사진과 브랜드명 역시 다른 요소에 비해 응시 시간이 길었으며, 로고 형태의 원산지 정보는 다른 텍스트 정보에 비해 더 많은 관심을 끈다는 결과가 있다. 그러므로 와인라벨을 구성하고 있는 다양한 시각적 요소 중 원산지를 의미하는 로고(예: 보르도 와인, 보르도는 원산지의 지명임)는 다른 라벨 요소로 주의를 전환해 긍정적인 구매의도를 갖도록 하는 데 도움이 된다.[403]

와인 라벨을 구성하고 있는 다양한 요소 중 그림 요소에 대한 주목도가 가장 높았으며 와인 라벨에 대해 시선이 머무르는 시간과 해당 와인에 대한 선호도, 그리고 선택 사이에는 강한 긍정적 관계가 발견되었다는 보고도 있다.[404] 따라서 와인 라벨은 매력적이고 자극적일수록 더 큰 시선 주목도를 보이며 구매로 이어질 가능성이 높다고 할 수 있다.

이처럼 라벨은 식품 소비자의 구매 결정에 큰 영향을 미칠 수 있다. 라벨은 일반적인 식품보다 기능성 식품과 같은 전문적 식품류에서 더욱 중요하다. 그러나 기능성 제품의 하나인 프로바이오틱스 우유와 일반 제품의 라벨에 대한 시선추적 실험 결과는 기능성제품의 포장디자인이 일반 제품과 시지각에 있어 별다른 차이를 보이지 않는다는 결과를 제시하고 있다. 두

Studies 28, 138-153, 2013.
[403] Chang Liu, Chetan Sharma, Qiqi Xu, Claudia Gonzalez Viejo, Sigfredo Fuentes and Damir D. Torrico, Influence of Label Design and Country of Origin Information in Wines on Consumers' Visual, Sensory, and Emotional Responses. Sensors 22(6), 2158, 2022.
[404] Bruno Laeng, Takashi Suegami, and Samira Aminihajibashi, Wine labels: an eye-tracking and pupillometry study, International Journal of Wine Business Research, 28(4), 327-348, 2016.

가지 제품 유형(일반 우유 대 프로바이오틱스 우유)의 라벨에 대해 60명의 소비자들을 대상으로 시선추적 장치를 사용하여 눈의 움직임을 기록하는 동안 라벨의 주요 요소(브랜드, 제품 유형, 미생물 유형 및 건강정보)에 대한 다양한 시각처리 과제를 요구받았는데 실험결과 제품 유형과 라벨 디자인에 대한 영향은 발생하지 않았음을 보여줬다.

그러나 한가지 주목할만한 점은 소비자의 건강정보 관련 시선추적결과는 제품의 기능적 측면이 아닌 그래픽 디자인에 의해 영향을 받고 있었는데 이는 제품의 포장디자인이 건강 관련 연상을 형성하는 데 핵심적인 역할을 하며 향후 기능성 식품 라벨의 디자인에 대한 고민이 필요하다는 것을 시사한다.[405]

이러한 라벨 디자인은 특히 어린이들의 건강을 위해서 심각한 고민이 필요하다는 것을 시사한다. 비만이나 편식과 같은 어린이들의 식습관도 이러한 포장디자인과 같은 시각적 요소에 의해 영향을 받는다는 연구결과들이 있기 때문이다. 어린이들의 식품 대 비식품 제품의 로고에 대한 주의 편향 패턴을 시선추적 실험을 통해 조사한 결과 어린이들의 경구 감각 민감도[406]에 따라 로고에 주의를 기울이는 차이가 발생했다.[407] 이러한 식품의

---

[405] Denize Oliveira, Leandro Machin, Rosires Deliza, Amauri Rosenthal, Eduardo H. Walter, Ana Gimenez, and Gaston Ares, Consumers' attention to functional food labels: Insights from eye-tracking and change detection in a case study with probiotic milk. LWT – Food Science and Technology 68, 160-167, 2016.

[406] Oral sensory sensitivity, 음식의 맛이나 온도, 질감등의 감각정보를 인식하는 구강의 민감도.

[407] Anna Wallisch, Lauren M. Little, Amanda S. Bruce, and Brenda Salley, Oral Sensory Sensitivity Influences Attentional Bias to Food Logo Images in Children: A Preliminary Investigation. Frontiers in Psychology 22;13:895516, 2022.

로고에 대한 주목도에 대한 차이는 결국 어린이들의 식습관과도 연결될 가능성이 높기 때문에 이 부분에 대한 연구는 지속적으로 이뤄져야 할 것이다.

특히 어린이와 관련된 식품 광고는 다양한 광고모델을 사용하는데 이러한 식품광고 모델을 바라보는 시선패턴이 다양한 섭식장애를 개선할 수 있다는 연구결과도 있다. 이 실험은 거식증, 폭식, 음주 등 다양한 형태의 섭식장애를 가진 청소년이 자신과 또래의 신체 사진을 보게 한 후 신체에 대한 만족도와 개인의 매력도 등 등급을 평가하게 했다. 그 결과 참가자들은 자신의 신체에서 매력적이지 않은 부분에 대해 주목하는 경향을 보였는데 특히 섭식장애가 있는 사람들은 매력적이지 않은 신체 부위를 더 오래 바라보고 매력적인 신체 부위에 대한 주의가 짧은 경향을 보였다. 이러한 연구결과는 음식포장의 라벨이나 포장, 광고모델 등이 섭식장애의 예방과 치료에도 부분적으로 기여할 수 있음을 시사한다.[408]

어린이들을 대상으로 한 장난감과 음식 탐색과정에 대한 시선추적 실험은 어린이가 ADHD와 같은 주의집중이 산만한 경향을 보일 때 음식에 대한 주의편향이 증가할 수 있으며 이는 섭식장애로 발전할 가능성이 있음을 시사하고 있다.[409] 또한 어린이들의 음식 선택에 대한 시선추적 데이터는 과

---

[408] Anika Bauer, Silvia Schneider, Manuel Waldorf, Karsten Braks, Thomas J. Huber, Dirk Adolph, and Silja Vocks, Selective Visual Attention Towards Oneself and Associated State Body Satisfaction: an Eye-Tracking Study in Adolescents with Different Types of Eating Disorders. Journal of Abnormal Child Psychology 45, 1647-1661, 2017.

[409] John Brand, Travis D. Masterson, Jennifer A. Emond, Reina Lansigan, and Diane Gilbert-Diamond, Measuring attentional bias to food cues in young children using a visual search task: An eye-trackin

체중과 비만인 어린이들이 시각적인 음식 유혹이나 자극에 더 민감하게 반응할 수 있다고 보고하고 있다.[410]

어린이들의 섭식 장애뿐만 아니라 정상적인 성인들의 식습관의 원인과 영향에 대해서도 다양한 시선추적 실험들이 이뤄지고 있다. 비만이나 당뇨, 다이어트 등과 같은 연구주제에서 성인들의 시선과 식품 선택, 맛에 대한 평가 등의 연구가 이뤄지고 있으나 연구결과의 일관성이나 유의도 등이 낮아[411] 앞으로 시선추적 실험이 추가적으로 이뤄질 필요가 있다.

---

g study. Appetite. 2020 May 1;148:104610.

[410] Michelle S. Segovia, Marco A. Palma, and Rodolfo M. Nayga, Jr, The effect of food anticipation on cognitive function: An eye tracking study. PLoS ONE 14(10), 2019: e0223506. https://doi.org/10.1371/journal.pone.0223506

[411] Eunice Wang, Yusuf O. Cakmak, and Mei Peng, Eating with eyes – Comparing eye movements and food choices between overweight and lean individuals in a real-life buffet setting. Appetite. 125:152-159, 2018 Jun.

3

메뉴 결정 장애와 시선

매일 우리는 다양한 음식을 선택한다. 집에서 아침을 먹을 때도, 회사에 출근해서 동료들과 점심을 먹을 때도 다양한 선택의 기로에 선다. 커피숍에 가서 음료를 고를 때도, 심지어 음식을 먹고 있을 때조차도 계란을 먼저 먹어야 할지 주스를 먼저 마셔야 할지 끊임없이 선택을 해야만 한다. 우리의 식습관을 반영하는 그러한 선택들은 우리의 신체적인 특징뿐만 아니라 사회적인 환경의 영향을 강하게 받는다.[412] 특히 다른 사람이 어떻게 먹는지, 무엇을 먹는지와 같은 사회적 요소가 음식의 선택에 영향을 미칠 수도 있다.

---

[412] Heather Patrick & Theresa A. Nicklas, A Review of Family and Social Determinants of Children's Eating Patterns and Diet Quality, Journal of the American Nutrition Association 24(2), 83-92, 2005.

이러한 음식선택 과정을 시선추적 장치를 통해 밝혀보려는 다양한 시도들이 있다. 음식뿐만 아니라 물건을 고르는 것과 같은 다양한 선택행동에 있어 특히 여성들은 우스갯소리로 '결정 장애'가 있다고 말할 정도로 선택시간이 오래 걸리기도 한다. 시선추적 실험결과 사람들은 보통 물건을 고르거나 선택하기 전 그 선택 항목을 보고 또 보고 수정하는데 더 많은 시간을 할애한다.[413]

특히 사람들은 무엇인가를 선택할 때 다른 사람의 시선을 따르는 경향이 있는데 그것은 타인의 시선이 선택에 대한 지름길 정보를 제공하기 때문이다. 이러한 시선 유발 주의의 변화는 대부분 반사적이다.[414] 한 실험결과 다른 사람의 관심의 대상이 되는 물체는 무인 물체보다 선호될 뿐만 아니라 무시된 물체보다 더 잘 기억된다.[415] 이처럼 타인의 시선은 의사소통과 의사결정에서 특별한 역할을 하고 있다.

타인의 시선과 행동을 따르는 현상은 물체뿐만 아니라 음식의 선호도나 음식 메뉴선택에 있어서도 나타난다. 한 연구는 식당 고객들의 메뉴선택에 대한 시선추적 실험결과 사람들이 중점적으로 보는 소위 스위트 스팟(Sweet Spot) 같은 것은 존재하지 않는다고 보고하고 있다.[416] 이에 비해 또 다른

[413] Shinsuke Shimojo, Claudiu Simion, Eiko Shimojo & Christian Scheier, Gaze bias both reflects and influences preference. Nature Neuroscience 6, 1317-1322, 2003.
[414] Alexandra Frischen, Andrew P. Bayliss, and Steven P. Tipper, Gaze cueing of attention: Visual attention, social cognition, and individual differences. Psychological Bulletin 133, 694-724, 2007.
[415] Olivier Droulers & Safaa Adil, Perceived gaze direction modulates ad memorization. Journal of Neuroscience, Psychology, and Economics 8(1), 15-26, 2015.
[416] Sybil S. Yang, Eye movements on restaurant menus: A revisitation on gaze motion and consumer scanpaths. International Journal of Hospitality Management, 31(3), 1021-1029, 2012.

연구는 메뉴판의 시작 또는 끝에 배치할 경우 메뉴 항목의 인기가 20% 상승할 수 있음을 발견했으며[417] 소비자들의 첫 번째 시선은 메뉴판 왼쪽 상단을 가리키므로 특정 메뉴가 주목받기를 원한다면 메뉴의 상단 또는 왼쪽 상단에 배치해야 한다고 결론짓고 있다.[418]

또한 잘 알지 못하는 음식에 대한 선호도나 지불 의지, 맛 등에 대한 시선추적 실험결과 참가자들은 다른 사람이 본 음식에 대해 더 많은 돈을 기꺼이 지불했으며 반면 다른 사람이 무시하는 음식에 대한 선호도는 감소했다.[419] 이러한 결과는 식당 등에서 음식 선택시 메뉴와 같은 정보도 중요하지만 타인의 선택과 같은 정보를 잘 볼 수 있도록 하는 것이 소비자의 의사결정을 도울 수 있다고 할 수 있다.

어린이들의 음식 선호도를 형성하는 데에도 이러한 타인의 선택과 같은 사회적 단서가 중요한 영향을 미친다. 예를 들어 간식 선택과 선호도에 대한 시선추적 실험 연구는 간식이 어른들의 관심을 끌 때 어린이들의 간식 선호도가 증가함을 보고하고 있다.[420] 이러한 연구결과들은 아이들의 식습관 형성에 타인이나 어른과 같은 사회적 영향이 지대한 영향을 끼치고 있음을 보여준다.

---

[417] Eran Dayan and Maya Bar-Hillel, M., Nudge to nobesity II: Menu positions influence food orders. Judgment and Decision Making, 6(4), 333-342, 2011.

[418] Jeong-gil Choi, Byung-Woo Lee, and Jin-won Mok, An experiment on psychological gaze motion: A re-examination of item selection behavior of restaurant customers. Journal of Global Business & Technology, 6(1), 66-79, 2010.

[419] Apoorva Rajiv Madipakkam, Gabriele Bellucci, Marcus Rothkirch & Soyoung Q. Park, The influence of gaze direction on food preferences. Scientific Reports 9, 5604 (2019).

[420] Elsa Addessi, Amy T. Galloway, Elisabetta Visalberghi, and Leann L. Birch, Specific social influences on the acceptance of novel foods in 2-5-year-old children. Appetite 45(3), 264-271, 2005.

12장

눈은 절대 거짓말을 하지 않는다

눈은 마음의 창(窓)
피노키오의 코, 피노키오의 동공
눈동자는 절대 거짓말을 하지 않는다
선글라스를 끼는 이유는 거짓을 숨기기 위해서

눈은
알고
있다

"의료용 마스크를 착용하는 것이 얼굴의 하반부를
가림으로써 여성을 더 매력적으로 보이게 한다.
마스크를 착용하는 것이 얼굴의 매력도 증가에
영향을 미친다."

Patel et.al., Plastic and Reconstructive Surgery Global Open(2020)

1

눈은 마음의 창(窓)

상대방이 거짓말을 한다고 느낄 때 우리는 흔히 눈을 쳐다보며 "거짓말 하지 마, 내 눈 똑바로 보고 말해!"라고 외친다. 과연 눈동자를 뚫어지게 쳐다보면 상대방이 거짓말을 하는지 알 수 있는 것일까? 답은 "그렇다"이다.

사람의 시력이나 눈의 이상을 측정하던 의료 장비인 시선추적(Eye-tracking) 장비가 병원의 안과가 아닌 심리학과 같은 연구 분야에 쓰이기 시작하면서 마케팅과 광고, 정치학 등 다양한 분야에서 눈동자의 움직임과 동공 크기 등이 사람의 심리 및 인지와 어떤 관계를 갖고 있는지 연구가 본격적으로 시작되었다.

이제 이러한 눈의 움직임을 측정하는 장비는 대중화되어 스마트폰에서도 사용자의 홍채인식이 이뤄지고 있으며 가정용 스마트TV에서도 주인의 눈동자의 움직임을 인식해 주인이 잠이 들면 TV가 저절로 꺼지게 되는 세상이 왔다. 구글 스마트글라스(Smart Glass)는 안경처럼 생겨서 쓰고 다니면서 눈의 움직임으로 명령을 내리고 실시간으로 번역서비스를 지원하며 증강현실(AR, Augmented Reality)을 구현하는 수준에 이르렀다.

그림 17 토비(Tobii)사의 안경방식의 시선추적 장비(출처:Tobii.com)

심리학자들의 연구에 따르면 눈을 통해 사람들의 거짓말을 읽을 수 있다고 한다. 사람들의 웃는 입모양을 눈을 통해 바라봄으로써 그것이 진짜 기쁜지 거짓으로 기쁜지를 알아챈다는 연구결과도 있다. 진짜 기쁠 때는 입모양 뿐만 아니라 눈꼬리에 잔주름 모양이 함께 생기기 때문이다.[421] 사람들의 의지(정신)를 따르는 뇌는 거짓말을 할 수 있지만 의지와 관계없는 자율신경인 눈동자는 거짓말을 할 수 없는 것이다.

---

[421] David Ludden, Your Eyes Really Are the Window to Your Soul: Pupils never lie, Psychology Today, online magazine published Dec 31, 2015.

즉 의지를 따르는 수의(隨意)운동인 뇌는 "다음 대통령 선거 때 누구를 찍겠느냐"는 질문에 진심과 관계없이 다른 후보를 찍겠다고 거짓 대답을 할 수 있지만 의지와 관계없는 자율신경 운동인 눈은 마치 땀이나 소름 같은 자율반응처럼 질문(자극)을 받으면 거짓대답을 할 수 없다.

스웨덴 과학자들은 428명의 홍채를 근접 촬영한 사진을 분석하고 각자 성격에 관한 설문조사를 실시한 결과 심지어 눈에서 사람의 성격을 읽을 수 있다는 연구결과를 발표한 바 있다. 학술지 생물심리학(Biological Psychology)에 발표한 이 논문에 따르면 눈의 홍채(虹彩)에 있는 구멍(음와)과 선(수축구)을 분석하면 그 사람의 성격을 알 수 있다는 것이다. 연구자들은 동공이 확대될 때 형성되는 구멍이 많은 사람들은 성격이 온화하고 따뜻하며 사람을 쉽게 신뢰하는 성격인 반면, 선이 많은 사람은 신경질적이고 충동적인 성격인 것으로 나타났다고 밝혔다.[422] "눈은 마음의 창"이라는 금언은 유전적 근거가 있는 셈이다.[423]

이러한 이유로 영국의 대문호 셰익스피어는 눈을 마음의 창, 혹은 영혼의 창이라 불렀으며 로마 철학자 키케로(Cicero)는 "얼굴은 마음의 사진이며 눈은 마음의 통역자"라고 지칭했다.[424] 성경에서는 눈을 육체의 등불이라고

---

[422] Mats Larsson, Nancy L. Pedersen, and Håkan Stattin, Associations between iris characteristics and personality in adulthood, Biological Psychology, 75(2), 165-75, 2007.

[423] 홍채는 복잡한 섬유막 구조로 신경을 통해 대뇌와 연결돼 있으며, 대뇌와 신체 각 부위는 신경을 통해 연결돼 있다. 따라서 신체 각 부위의 정보들이 대뇌 및 홍채로 전달돼 홍채 섬유조직에 반영된다는 '홍채 이론'이 한의원등에서 제시하고 있는 관점이다. 즉 홍채 정보는 개인의 신체 상태를 나타내며, 사람은 개개인마다 다른 홍채의 고유패턴을 지니고 있어 홍채를 분석하면 그 사람의 건강 정보뿐만 아니라 성격등도 파악할 수 있다는 것이다.

[424] The face is a picture of the mind as the eyes are its interpreter.

표현하고 있다.[425]

    이처럼 눈은 마음을 있는 그대로 드러내는 중요한 지표이다.(마음은 사실 뇌의 다른 표현이다. 마음이라고 표현하면서 심장을 가리키는데 마음은 심장에 들어 있는 것이 아니라 뇌 안에 존재한다) 눈은 사람의 감정이나 마음에 대한 많은 정보들을 제공한다. 사람들이 슬프거나 걱정할 때는 미간을 좁히게 되는데 이로 인해 눈은 작아 보이게 된다. 반대로 사람들이 즐거울 때는 흔히 "표정이 밝아졌네"라던가 "눈이 초롱초롱해 보인다"고 말하는데 이는 행복할 때 사람들이 눈을 위로 치켜뜨기 때문에 눈이 크고 밝아 보이는 것이다. 눈은 사람들의 마음을 드러낼 뿐만 아니라 사람들의 감정과 생각을 읽는 중요한 지표이기도 한 것이다.

---

[425] 마태복음 원문은 다음과 같다. Matthew 6: 22-23 says,
    (22) The eye is the lamp of the body. If your eyes are healthy, your whole body will be full of light. (23) But if your eyes are unhealthy, your whole body will be full of darkness. If then the light within you is darkness, how great is that darkness!

2

피노키오의 코, 피노키오의 동공

피노키오의 코는 거짓말을 하면 자란다. 이탈리아의 아동문학 작가 카를로 콜로디(Carlo Collodi)[426]는 그의 작품인 '피노키오의 모험 꼭두각시 이야기'에서 잣나무로 만든 목각인형 피노키오의 코(Pinocchio's Nose)가 거짓말을 할 때마다 길어지는 것으로 묘사를 하고 있다.

마찬가지로 피노키오의 동공(Pinocchio's Pupil)이라는 비유는 눈이 거짓말을 못한다는 비유로 사용된다. 그만큼 사람들이 얼굴 표정을 어떻게 짓던 간에 어떤 상황에서도 눈은 진실을 말한다는 것을 강조하는 표현이다. 실제 실험에서 인간의 동공도 거짓말을 하면 커진다는 것이 밝혀졌다. 캘리포니

---

[426] 본명은 Carlo Lorenzini, 1826-1890.

아 공대 연구팀은 가짜 메시지를 주고받는 실험을 했는데 가짜 메시지를 주는 사람은 받는 사람에 비해 동공이 확장된다는 것을 발견했고 가짜 메시지의 정도가 클수록 동공도 많이 확장된다고 보고했다.[427]

어떤 사람을 아는 가장 좋은 방법은 눈을 바라보며 그 사람의 감정 변화를 관찰하는 것이다. 신체언어(body language)와 마찬가지로 우리의 눈은 말로 하는 것보다 훨씬 더 많은 것을 담고 있다. 사실 사람의 감정을 실어 나르는 것은 언어보다 비언어 커뮤니케이션이라고 할 수 있다.

많은 연구들에 따르면 사람들이 누군가를 처음 마주했을 때 눈은 신뢰와 불신, 안전, 만족감(contentment), 공포 등 다양한 감정들을 담고 있다고 한다. 일상생활에서 이러한 일은 수시로 일어나며 이는 마치 "영혼이 눈을 통해 말하며 시선을 통해 키쓰를 하는 것과 같다(The soul can speak through the eyes, and kiss with a look -Gustavo Adolfo Becquer[428])".

눈이 이렇게 사람의 마음이나 감정을 나타내는 것은 얼굴 부위에서 눈이야말로 가장 진실한 부분이기 때문이다. 예를 들어 입과 같은 부위와 달리 눈에 대해서는 우리는 어떠한 조작도 할 수 없다. 기분이 좋아져서 입꼬리가 올라갈 때 우리는 의지로서 이를 조절하여 아닌 척 할 수 있지만 동공이 커지고 작아지는 것을 조절할 수는 없기 때문이다. 즉 어떤 것을 좋아

---

[427] Joseph Tao-yi Wang, Michael Spezio, and Colin F. Camerer, Pinocchio's Pupil: Using Eyetracking and Pupil Dilation to Understand Truth Telling and Deception in Sender-Receiver Games, American Economic Review 100, 984-1007, June 2010.

[428] 구스타보 아돌포 베케르, 스페인의 시인, 1836~1870.

하면 나도 모르게 동공은 커지고 싫어하면 수축하게 되는 것이다.

연구에 따르면 여러 가지 측정방법에 의해 희노애락, 공포와 놀람과 같은 6가지 인간의 감정을 추적할 수 있다고 한다.[429] 600장의 얼굴 사진에 대한 실험결과 참가자들은 쉽게 눈의 여러 가지 모습을 통해 기본적인 감정을 추론할 수 있는 것으로 나타났다. 즉 얼마나 눈을 크게 뜨고 있는지, 눈과 눈썹 사이의 거리는 어떤지, 코 주위의 주름이 어떻게 바뀌는지, 그리고 눈 바로 아래 부위의 움직임 등에 따라 인간의 감정을 추론할 수 있는 것이다.

어떤 문화권에서는 사람의 눈을 똑바로 쳐다보는 것은 공격적이며 무례하거나 경멸을 의미하지만 또 다른 문화권이나 종교집단에서는 남녀사이의 시선교환은 부적절한 것으로까지 간주되기도 한다. 많은 아시아문화권에서는 직장 상사나, 반대되는 성별에 대한 시선 회피는 존경의 의미로 받아들여지기도 한다. 그러나 서양에서 시선을 마주보는 것은 적절한 행동일 뿐만 아니라 상대방에게 자신이 진실하며 열려있는 사람임을 보여주는 필요불가결한 행동으로 간주되기도 한다. 즉 아이 컨택(Eye contact)은 의사소통의 한 방법인 것이다. 이처럼 지구상의 사람들은 모두 같은 세상을 바라보지만 다른 창으로 사물을 바라본다.

---

[429] Dario Bombari, Petra C. Schmid, Marianne Schmid Mast, Sandra Birri, Fred W. Mast, and Janek S. Lobmaier, Emotion recognition: The role of featural and configural face information. Quarterly Journal of Experimental Psychology 66(12), 2426-2442, 2013.

3

눈동자는 절대 거짓말을 하지 않는다

눈이 만약 영혼의 창이라면, 눈동자(동공)는 눈으로 들어가는 입구이다. 카메라의 렌즈처럼 동공은 작동한다. 커지기도 하고 수축하기도 하며 눈으로 들어오는 빛의 양을 조절한다. 이러한 조절 작용을 동공 빛반응(pupillary light response)이라고 지칭한다. 우리는 상식적으로 밝으면 동공이 작아지고 어두우면 동공이 커진다는 것을 알고 있다. 심리학자들은 동공은 단순히 빛에 반응하는 눈의 입구지점이라는 것 이상의 정보를 담고 있다고 말한다.[430] 즉 동공의 크기변화는 사람들의 감정과 의도에 대해 많은 것을 말해준다는 것이다.

---

[430] Sebastiaan Mathôt and Stefan Van der Stigchel, 2015, New Light on the Mind's Eye:The Pupillary Light Response as Active Vision, Current Directions in Psychological Science, Vol. 24(5) 374-378.

연구에 따르면 동공 빛반응은 단순한 기계적 반응이 아니라 한 대상으로부터 다른 대상으로 시선이 옮겨갈 때 빛의 양 이전에 이미 크기 조절반응이 일어난다. 즉 새로운 대상으로 시선이 옮겨 가기 전에 마주칠 빛의 양을 미리 예측하여 동공의 크기를 조절하는 것이다. 예컨대 컴퓨터를 계속 보고 있을 때 우리의 시선은 밝은 화면에 고정되어 동공이 축소되어 있다. 그러나 간혹 눈을 아래로 돌려 손가락이 제대로 놓여 있는지 키보드를 쳐다볼 때, 즉 시선이 아래로 옮겨 가기 전에 이미 동공은 커지기 시작한다.

동공은 또한 흥분이나 자극을 만나면 커진다. 우리의 몸은 자율신경계(autonomic nervous system)라고 하는 경계시스템을 갖고 있어서 환경의 변화나 위협을 감지할 때 자동적으로 반응하기 때문이다. 예를 들어 등산을 하다가 도중에 야생 멧돼지를 만났다고 가정하면 우선 심장 박동이 빨라지고 도망가려는 생각으로 인해 근육이 긴장되고 이어 땀이 나기 시작할 것이다. 마찬가지로 동공 또한 확장된다.

위협적인 상황뿐만 아니라 기회나 긍정적 상황을 만나도 동공은 자동적으로 반응한다. 예를 들어 매력적인 사람을 파티에서 만나면 어떤 반응이 일어나는가? 심장이 뛰고 손에는 땀이 날지도 모른다. 그러나 무엇보다 동공이 확장된다. 동공이 확장되는 것. 이는 밝은 빛을 보면 동공 크기가 자동적으로 변화하는 것과 같은 자율신경계 반응의 일종이다. 뇌의 지시에 따라 거짓말을 할 수 있어도 자율신경계 반응은 거짓말을 할 수 없다. 더우면 땀이 나고 추우면 소름이 돋는 것과 마찬가지로 우리의 몸은 자율신경계로 하여금 외부의 자극에 대한 반응을 준비하도록 한다.

　심리학자들은 이러한 동공의 변화에 대해 성적이거나 사회적 관심에 대한 솔직한 단서로 설명한다. 눈이 거짓말을 할 수 없는 이유는 통제할 수 없기 때문이다. 인간의 의지, 즉 뇌의 명령을 따르는 수의 운동과 달리 자율신경계 반응은 통제할 수 없기 때문이다. 때로는 사고보다 눈이 더 정직할 수 있는 이유이다.

　말을 하면서 오른쪽 위를 쳐다보는 것(look up to the right)은 무엇인가를 회상(recall)하는 것이라는 연구결과들이 알려져 있다.(왜냐하면 좌뇌는 메모리와 논리를 담당하므로) 이에 비해 왼쪽을 바라보는 것은 창의적인 기능을 담당하는 우뇌에 접근하려는 것으로 사람들이 거짓말을 하려 시도하는 것으로 간주할 수 있다. 그러나 이러한 가설들은 정확도가 떨어지는 것으로 밝혀졌는데, 사람들은 말을 하면서 행동보다 말을 많이 하기 때문에 팔을 든다든지 코를 만진다든지 딴 곳을 쳐다본다든지 하는 것을 거짓말의 지표로 볼 수는 없다는 것이다.

　영국의 과학자들도 이러한 시선의 방향과 거짓말의 관계에 대해 연구한 결과 과학적 증거가 없다고 결론짓고 있다.[431] 이러한 시선의 방향과 거짓말의 관계에 대한 연구는 1970년대의 이론인 소위 NLP(Neuro-Linguistic Programming)에 근거한 것이다. 마음에 들지 않는 직장 상사를 대할 때 우리

---

[431] Richard Wiseman, Caroline Watt, Leanne ten Brinke, Stephen Porter, Sara-Louise Couper, and Calum Rankin, The Eyes Don't Have It: Lie Detection and Neuro-Linguistic Programming, PLoS ONE 7 (7), 2012, e40259.

는 거짓 표정과 말로 아부를 할 수 있다. 얼굴은 웃는 표정을 하고 눈 또한 거짓임을 숨기고 진짜인 것처럼 보이기 위해 눈꼬리에 주름을 만들 수도 있다. 그러나 그때조차도 당신의 작은 눈동자, 즉 동공은 당신이 진심이 아니라는 것을 알려줄 수 있다.

눈, 즉 동공은 의지와 관계없이 외부자극, 특히 빛의 양에 관계없이 주의를 하게 되면 크기가 커지게 된다. 왜냐하면 표준적인 동공 크기는 시력(visual acuity)과 시각적 민감성(visual sensitivity) 사이의 균형과 관련이 있기 때문이다. 시력은 바라보고 있는 사물을 얼마나 자세히 볼 수 있는지를 말해주는 능력을 말한다. 시력은 일종의 골디락스(Goldilocks)[432] 상태의 동공을 필요로 하는데 너무 밝지도 너무 어둡지도 않은 딱 적당한 양의 빛이 들어올 때 가장 좋은 시력 상태를 보인다. 시각적 민감성은 주변 환경에서 대상을 잘 찾는 능력을 일컫는다. 무엇인가를 잘 찾으려면 눈을 크게 떠야, 즉 동공을 확장시켜야 한다.

학자들은 동공의 크기에 관해 탐색(exploration)과 활용(exploitation)이라는 개념으로 설명한다. 주변 환경을 탐색할 때, 즉 위협과 기회를 모색할 때 이를 고조된 흥분(arousal)[433] 상태라고 할 수 있다. 이러한 탐색 상태에서 시각적 민감성은 가장 중요하며 동공은 가능한 많은 정보를 얻기 위해 크게 열린다.

---

[432] 뜨겁지도 차갑지도 않은 적당한 상태를 의미한다. 영국의 전래동화 〈골디락스와 곰 세 마리〉에서 유래했으며 뜨겁지도 차갑지도 않은 이상적인 경제상황을 의미하기도 하며 경제 외에도 의학, 마케팅, 천문학 등에서도 사용된다.
[433] arousal은 흥분, 자극, 각성, 환기등으로 번역할 수 있는데 감각 자극에 반응하는 상태를 의미한다.

일단 관심이 가는 대상에 시각이 고정되면 그때부터는 활용(exploitation) 모드로 변환된다. 즉 우리는 대상을 자세히 살펴보면서 그것을 활용할 수 있는 가능한 모든 방법을 찾아 이해하려고 노력하게 된다. 이때는 시력이 가장 중요하며 우리의 동공은 확장 혹은 수축하면서 필요한 적정 수준의 빛이 들어오도록 만드는 것이다. 소위 동공 빛반응은 단순한 자극에 대한 기계적 반응이 아니라 카메라의 렌즈처럼 사람의 기대와 감정에 상응하여 조절이 일어나는 것이다. 따라서 눈은 영혼의 창이 될 수 있지만 동공은 사람의 마음속에서 어떤 일이 일어나고 있는지에 대해 많은 것을 말해줄 수 있는 것이다.

또한 동공 확장은 무엇인가를 속이려는 신호일 수 있다. 자율신경계가 동공 크기를 결정하는데 동공의 확장은 보통 인지적 수요가 증가하는 지표이다. 거짓말쟁이들은 대개 인지적 수요의 증가를 경험한다. 거짓말 탐지를 위한 인터뷰 실험 시 보통 거짓말할 이유가 없는 사람을 대상으로 베이스라인(baseline) 질문을 한 후 비교하게 되는데 이 베이스라인과의 차이가 거짓말의 징후가 된다. 이러한 베이스라인 질문들에는 언어적인 패턴뿐만 아니라 비언어적 패턴을 관찰하게 되는데[434] 이러한 베이스라인과의 어떤 차이라도 거짓말의 신호가 된다는 것이다. 괄약근과 확장근이 보통 동공의 크기를 조절하는데 자율신경계가 이 괄약근과 확장근을 통제한다. 자율신경계

---

[434] Sarah Ewens, Aldert Vrij, Minhwan Jang, and Eunkyung Ko, Drop the Small Talk When Establishing Baseline Behaviour in Interviews, Journal of Investigative Psychology and Offender Profiling 11(3), 244-252, 2014.

의 한 부분인 교감활동은 스트레스 상황에서 증가하며 이러한 교감활동의 증가는 동공의 확장을 가져온다.[435] 따라서 동공의 확장은 거짓말의 신호가 될 수 있다.

동공의 확장은 보통 인지적 수요의 증가를 의미하는 것일 수 있다.[436] 거짓말은 인지적 수요(cognitive demand)의 증가를 가져 오며 거짓말쟁이들은 논리적이고 그럴듯한 스토리를 구성하려고 시도한다. 이때 거짓말쟁이들은 상대방에게 진실 되게 보이려고 행동과 태도를 스스로 점검하며 자신의 거짓말이 잘 작동되는지를 알아보기 위해 상대방의 반응을 관찰하게 된다.[437] 따라서 거짓말쟁이들이 이렇게 진실을 숨길 때 인지적 수요의 증가를 경험하게 되며 동공 확장이 일어나게 되는 것이다. 거짓말쟁이들은 동공 확장을 포함한 다양한 비언어 단서를 노출한다.

사람들이 거짓말을 할 때는 눈길을 피한다는 것이 상식적으로 알려져 있다. 한 연구팀에 따르면 75개국에서 43개의 다른 언어를 사용하는 연구결과 거짓말쟁이들은 눈길을 피한다고 한다.[438] 그러나 인간은 태어나자마자 엄마와 시선접촉을 통해 상호작용하기 때문에 엄마가 시선을 회피하는 것

---

[435] Monika Kupcova, John C Kircher and Tomas Urbanek, Lie detection using Ocular-Motor methods: Effect of countermeasures, Joint Event on 3rd International Conference on Forensic Psychology & Criminology & 3rd International Congress on Addictive Behavior and Dual Diagnosis, August 16-17, 2018, Stockholm, Sweden.

[436] Adam Szulewski, Shannon M. Fernando, Jared Baylis, and Daniel Howes, Increasing pupil size is associated with increasing cognitive processing demands: A pilot study using a mobile eye-tracking device. Open Journal of Emergency Medicine, 2(1), 2014.

[437] Aldert Vrij, Par Anders Granhag, and Stephen Porter, Pitfalls and Opportunities in Nonverbal and Verbal Lie Detection, Psychological Science in the Public Interest, 11(3) 89-121, 2010.

[438] The Global Deception Research Team, A World of Lies, Journal of Cross Cultural Psychology, 37(1): 60-74, 2006.

을 무엇인가 동의하지 않는 것으로 학습하게 되며 곧 아이들은 시선의 회피로부터 속이는 것을 유추하게 된다. 실제로 서양의 많은 연구들은 시선 회피와 거짓말의 관계를 54% 밖에 정확도가 없는 것으로 밝히고 있다.

어떤 사람은 다른 사람보다 거짓말을 잘하는데 실제로 연습을 하면 누구나 거짓말을 잘할 수 있다. 노스웨스턴대 연구자들은 20분간의 연습을 통해 사람들이 거짓말을 진실처럼 잘 말할 수 있다는 것을 발견했다. 32명을 대상으로 한 실험에서 연구자들은 자신의 이름이 아닌 새로운 이름과 생일, 그리고 고향 세 가지 사실에 대해 기억할 것을 요구받았다. 이후 참가자들은 "이것이 정말인가"라는 질문에 대해 "예스"와 "노"라는 두 가지 버튼을 누르도록 했는데 가짜 이름과 생일 등을 기억하도록 연습한 사람들에게 "예스"를 누르도록 지시했다. 연구자들은 참가자들의 반응시간과 정확도를 측정했는데 270회의 연습이나 20분의 연습 시간 끝에 거짓말쟁이들의 측정치가 진실을 말한 사람의 측정치와 같게 되는 것을 발견했다.[439]

왜 이렇게 거짓말을 하게 되는 데는 연습이 필요할까? 연구자들은 사람들이 거짓말을 할 때는 두 가지 상반되는 답을 머릿속에 갖고 있으며 진실을 반드시 억눌러야하기 때문에 거짓말은 일종의 정신적 곡예를 필요로 한다고 지적한다. 그러나 20분간의 연습 후에는 누구라도 완벽하게 거짓을 암기하게 되며 거짓말을 내뱉는데 별도의 생각과 노력을 필요로 하지 않는다.

[439] Xiaoqing Hu, Hao Chen and Genyue Fu, A repeated lie becomes a truth? The effect of intentional control and training on deception. Frontiers in Psychology 12:3:488, 2012.

따라서 심리학적으로는 누구라도 계속 반복하면 거짓말임을 알면서도 무의식적으로 그것이 진실이라고 확신하게 된다는 것이다. 그러나 이러한 반응시간 테스트보다 더 거짓말쟁이를 잘 구별해내는 것이 동공반응이다. 동공이 확장되는 것은 뇌가 무엇인가를 열심히 하고 있다는 증거이기 때문에 거짓말의 지표가 될 수 있다.

4

선글라스를 끼는 이유는 거짓을 숨기기 위해서

1930년대 말 미국 육군항공단 존 맥그레디(John Macgready) 중위는 논스톱으로 대서양을 횡단하는 기록을 수립했는데 이 과정에서 태양광과 구름으로부터의 반사광에 노출되어 시력이 약해지고 만다. 이로 인해 존은 파일럿의 눈을 보호하기 위한 고글 개발에 착수해 콘텍트렌즈로 유명한 바슈롬(Bausch+Lomb)사와 6년여의 연구 끝에 세계 최초로 자외선 99%, 적외선 96%를 차단하는 녹색 선글라스를 탄생시키게 된다. 이것이 미군에 의해 정식으로 채택되고 1937년에 레이밴(Ray Ban)이라는 이름으로 판매되기 시작한 선글라스의 기원이다. Ray Ban은 말 그대로 모든 광선(Ray)을 차단(Ban)한다는 브랜드이다.

이처럼 선글라스(Sun-glasses)는 말 그대로 눈부신 태양광이나 반사광으로부터 눈을 보호하기 위해 걸치는 안경을 말한다. 그런데 왜 연예인들은 눈부신 태양도 없는 어두운 밤이나, 실내에서도 선글라스를 끼는 것일까?

명품 패션브랜드들에 의한 협찬 명목으로 선글라스를 쓰는 사례도 많지만 심리학자들은 "주위의 시선을 끌고 싶고 다른 사람에게서 주목받고 싶은 연예인 특유의 심리 때문"이라고 분석한다. 사람을 포함한 모든 동물은 눈이 큰 존재에게 더 많은 관심과 호감을 갖는 경향이 있는데 선글라스를 착용하면 맨눈일 때보다 눈 부위가 강조되기 때문에 그만큼 자신을 돋보이게 만들 수 있다는 설명이다.

그러나 셀럽들에게 선글라스는 눈이 커 보이는 용도보다는 사람들에게 화장기 없는 '쌩얼'을 가리거나 감정을 숨기는 용도로 사용되는 경향이 강하다. 일종의 패션인 셈이다. 연기자 장혁은 선글라스를 끼는 이유에 대해 "선글라스를 끼고 있으면 내가 무슨 생각을 하고 있는지 상대방이 읽을 수 없는 동시에 상대가 예상치 못하는 행동을 할 수 있다는 특징이 있다. 또한 진심이 드러나는 장면에서 선글라스를 벗을 때 더욱 진정성 있게 다가갈 수 있다"고 표현한다.[440]

---

440) 전지현•노현•서진우, 왜 연예인들은 장소불문 선글라스 쓸까, 매일경제 2007. 7. 23일자

13장

눈과 바라봄의 미래

눈을 보고 알아서 주문해준다
당신의 시선은 추적당하고 있다

눈은
알고
있다

피노키오의 동공(Pinocchio's Pupil)
사람들이 얼굴 표정을 어떻게 짓던 간에 어떤 상황에서도 눈은 진실을 말한다

Wang, Spezio, and Camerer, American Economic Review(2010)

1

눈을 보고 알아서 주문해준다

    피자헛은 2014년 영국 런던에서 시선추적 장치를 활용해 "마음을 읽어서 알아서 주문해주는" 기술을 시험해본 적이 있다. 고객이 앉아서 20개의 토핑을 바라보는 동안 눈의 움직임을 측정하고, 각각의 메뉴를 보는 데 걸리는 시간과 4,896개의 가능한 조합 중 어떤 것을 원하는지 결정해서 주방으로 주문을 전송하는 것이었다.[441] 당시에는 본격적으로 전 매장에 확대하진 않았지만 이제 인공지능의 등장으로 이러한 방식의 기술이 다시 등장할 것임이 분명하다. 100만 이용자를 돌파하는데 넷플릭스가 3년 반, 트위터가 2년, 페이스북이 10개월, 인스타그램이 2개월 걸렸는데 불과 5일 만에 이를

[441] John M. Henderson, Eyetracking technology knows your subconscious pizza desires … or not, The Conversation, Published online: December 8, 2014 11.00am GMT.

달성한 Chat-GPT[442]의 파워를 생각해보면 이제 시선추적장치와 AI의 결합은 시각 분야의 새로운 혁명을 가져올 것이다.

대화형 인공지능 서비스인 Chat GPT의 등장으로 촉발된 생성AI기술의 발전은 텍스트 기반의 검색엔진뿐만 아니라 이미지와 사운드, 동영상, VR등 다양한 표현수단과 인공지능의 결합을 예고하고 있다. 눈의 특성과 움직임을 감지하고 이를 통해 사용자를 인식하거나 감정 상태와 사고를 예측하여 피드백을 제공하는 것은 이제 상당한 관심을 얻고 있는 연구주제이다.

이미 눈의 움직임에 의해 눈 주위에 발생하는 전기적 자극을 활용한 소통 도구를 사용하던 스티븐 호킹박사 사례에서 보듯 안구운동을 이용한 도구의 개발 기술은 상당한 수준에 올랐다. 심지어 인공안구 기술도 나와서 시각장애인들은 IT기술과 결합된 디지털 시력을 갖게 된 사례도 있다. 안구운동 신호는 다른 생체전기 신호에 비해 진폭이 크고 파형 식별이 용이하며 처리가 용이한 장점이 있어 신뢰성과 편의성이 높다. 이런 특성으로 인해 눈과 눈 주위에서 추출된 신호로 인간-컴퓨터 상호작용을 구현하는 도구들은 상당히 진보된 상태이다. 이제 인공지능의 등장으로 수집된 안구 운동 데이터를 추출, 분류 및 식별하는 방법의 혁신이 일어날 것이다.

이렇게 눈을 통해 개개인을 인식하고 그 사람의 생각까지 읽어내는 것이 가능한 것은 사람마다 홍채가 다 다르기 때문이다. 홍채의 80%는 유전적으로 완전히 형성되어 변하지 않으나 20%는 후전적인 질병이나 장기의 문

---

[442] OpenAI가 개발한 대화형 인공지능서비스, openai.com

제로 모양이 변하는데 이러한 특징에 기반하여 홍채인식 같은 개인 신분확인 시스템 등이 개발되었다. 홍채가 같을 확률은 거의 제로이기 때문에 홍채를 이용해 휴대폰 잠금을 해제하기도 하고 결제의 인증 수단으로도 사용하는 것이다. 심지어 연구자들은 홍채를 보면 건강 상태를 알 수 있다는 홍채진단법을 제시한다. 헝가리 태생 의사이자 과학자인 이그나츠 폰 페첼리(Ignaz von Peczely, 1826.1.26.- 1911.7.14)에 의해 시작된 홍채진단법은 그에 의해 '홍채학'이라는 학문분야로 발전했다.

1970년대 이후 홍채학은 홍채의 여러 부위가 각 장기와 연결되어 있어서 홍채를 통해 건강상태를 알 수 있다고 주장해왔다. 홍채에 의한 건강 진단법을 최초로 검증한 논문은 '미국의학협회저널'[443]에 게재되었는데 연구자들은 신장병 환자의 홍채 사진으로 병의 유무를 판단할 수 있는지를 살펴봤지만 결과는 관련성이 부족하다는 것이었다. 즉 과학자들은 홍채 상태를 보고 건강을 어느 정도 예측할 수 있다는 것은 인정하지만 과학적 근거가 부족하다고 주장해왔다.

그러나 2000년대 이후 시선추적 장치와 같은 의공학 장비의 발전으로 홍채에 대한 새로운 해석들이 나오고 있다. 스웨덴 과학자들은 428명의 홍채를 근접 촬영한 사진을 분석하고 각자 성격에 관한 설문조사를 실시한 결과 홍채를 통해 사람의 성격을 읽을 수 있다는 연구결과를 발표한 바 있다.[444]

---

[443] American Medical Association, https://jamanetwork.com/

연구자들은 홍채의 이러한 차이가 태아 때 홍채의 발달을 조절하는 유전자로 알려진 PAX6 신경발달유전자에 의해 형성되는 것으로 생각된다면서 홍채의 이러한 개인적 특징은 개인차를 나타내는 생물지표로 이용될 수 있을 것이라고 밝혔다. 또한 홍채의 밀도, 색소, 면적비율 등 다양한 홍채의 기능변수와 유전적 특성과의 관계를 분석한 연구는 이러한 특성들이 유전적 요소에 의해 결정될 가능성이 높고 여성보다 남성에게서 더 두드러지는 특성을 가진다고 보고하고 있다.[445] 이러한 결과는 유전자에 의해 형성되는 성격적 특징을 홍채를 통해 구별할 수 있다는 것인데 '눈은 마음의 창'이라는 금언을 뒷받침해준다고 할 수 있다.

그러나 손가락 지문 손상이 심할 경우 이를 개인고유정보로 사용하는 지문인식시스템에서의 사용하기 어려운 것처럼 홍채 또한 질병이나 신체의 변화 등 여러 가지 외부 요인으로 인해 변할 수 있기 때문에 홍채 정보를 갱신해줘야만 신분확인 정보로 사용이 가능하다.

---

[444] Mats Larsson, Nancy L. Pedersen, and Håkan Stattin, Associations between iris characteristics and personality in adulthood, Biological Psychology, 75(2), 165-75, 2007.

[445] Young-Woo Lim, Young-Bae Park, Young-Jae Park, Experimental study of reliable iris parameters and their relationships with temperament, character, and heart rate variability, European Journal of Integrative Medicine 6(5), 524-531, 2014.

2

당신의 시선은 추적당하고 있다

 거실에 누워 TV를 보다가 잠들면 저절로 TV 전원이 꺼진다. 삼성전자가 개발한 슬립센스(Sleep Sense) 기술은 시선추적이 아닌 맥박, 호흡 등을 측정하여 수면을 예측하거나 숙면 패턴, 움직임 등을 측정하는 장비이다. 이제 노트북이나 컴퓨터의 카메라를 이용해 사용자의 얼굴과 시선을 감지하는 기술은 기본적으로 IT장비에 탑재되고 있다. LG전자의 노트북에 탑재된 Glance by Mirametrix라는 기술은 인공지능 기반으로 카메라를 통해 사용자의 얼굴과 시선을 감지하여 다양한 편의성을 제공하는 기능이다. 화면을 응시하지 않고 다른 곳을 바라보고 있으면 자동으로 화면이 흐림 처리가 되어 타인에게 화면이 노출되지 않도록 하는 스마트 디스플레이 기능이다.

시선 추적은 수십 년 동안 다양한 분야의 연구와 사용성 평가에 사용되어 왔으나 기존의 연구들은 대부분 비싼 시선추적 장치를 사용해왔다. 그러나 스마트폰의 고급화와 각종 센서 기술의 발달로 스마트폰의 카메라를 활용한 안구운동의 측정이 가능하게 되었다. 더구나 인공지능과 이러한 기술이 결합되어 별도의 하드웨어 없이도 정확한 시선추적이 가능하게 되었다. 스마트폰을 사용한 시선추적이 가격이 100배 정도 더 비싼 시선추적 장치와 비슷한 성능을 구현할 수 있게 된 것이다.[446]

그동안 저렴한 시선추적 장치도 최소한 1만 달러 이상 가격이 나가며 측정 및 분석소프트웨어를 포함하면 한 대당 수천만원은 지불해야 사용이 가능했다. 즉 시선추적 장치는 다양한 분야의 연구와 응용이 가능한 이점이 있음에도 높은 비용과 특수 하드웨어(적외선카메라와 같은)로 인해 제한적으로 사용되어 왔다.[447]

그러나 이제 전 세계에서 최소 28억 명 이상의 스마트폰 사용자가 모바일 기기에서 콘텐츠를 소비하는 시간이 데스크톱이나 노트북 컴퓨터보다 거의 두 배(인도는 3배, 중국은 6배) 더 많고 TV 시청 시간을 초과한다[448]는

---

[446] Nachiappan Valliappan, Na Dai, Ethan Steinberg, Junfeng He, Kantwon Rogers, Venky Ramachandran, Pingmei Xu, Mina Shojaeizadeh, Li Guo, Kai Kohlhoff & Vidhya Navalpakkam, Accelerating eye movement research via accurate and affordable smartphone eye tracking. Nature Communication 11, 4553, 2020.

[447] Jorge Paolo Casas and Chandramouli Chandrasekaran, Open eyetrack -a high speed multi-threaded eye tracker for head-fixed applications. Journal of Open Source Software 4, 1631, 2019.

[448] Time spent with media 2019. https://content-na2.emarketer.com/time-spent-with-media-2019

점에 비추어 볼 때 스마트폰에 의한 정확하고 저렴한 시선 추적은 앞으로 이 분야에서 놀라운 발전을 가져올 것으로 예측된다.

그동안 스마트폰을 활용한 시선추적 방식은 정확도가 너무 낮거나 시야각의 제한 등이 있었으나 이제는 인공지능에 의한 머신러닝 등을 활용해 스마트폰[449]과 노트북[450]에서 초고가의 시선추적 장치 못지않은 성능을 보여주고 있다. 그 결과 애플이나 삼성 같은 메이저 IT회사는 물론 신생 스타트업들도 모바일 단말기 상에서 시선추적을 할 수 있는 다양한 기술과 응용프로그램들을 출시하고 있다.

예를 들어 '비주얼캠프'라는 국내 회사의 'Eye Page Turner'는 소위 '귀차니스트'들을 위해 스마트폰으로 전자책을 읽을 때 시선이 페이지의 말미에 가면 저절로 다음 페이지로 넘어가는 기술을 선보인 바 있는데 이 회사는 이외에도 다양한 AI기반 시선추적 기술을 개발하여 별도의 하드웨어 없이 앱 만으로 시선추적이 가능하도록 하고 있다.

삼성전자도 2012년 갤럭시 S4에 시선인식 기능을 넣었으며 이 기술을 활용해 시선만으로 화면 스크롤도 되는 등 동공인식을 이용한 다양한 기능을 선보인 바 있다. 이렇게 이미 10년 전 시장에 나왔던 스마트폰 시선추적은 그동안 소비자로부터 인기를 끌지 못하다가, 2018년 애플 앱스토어에 아이

---

[449] Michael Xuelin Huang, Jiajia Li, Grace Ngai, and Hong Va Leong, ScreenGlint: practical, in-situ gaze estimation on smartphones. In Proceedings of the 2017 CHI Conference on Human Factors in Computing Systems, 2546-2557 (ACM, 2017).

[450] Alexandra Papoutsaki, Patsorn Sangkloy, James Laskey, Nediyana Daskalova, Jeff Huang, & James Hays, Webgazer: scalable webcam eye tracking using user interactions. In Proceedings of the 25th International Joint Conference on Artificial Intelligence, 3839-3845 (AAAI, 2016).

폰 X의 카메라를 이용해 스마트폰 시선추적을 하는 앱 'Hawk eye'가 등장하면서 다시 주목받기 시작했다. 아이패드(iPad)에 시선추적 기술을 적용해 시선만으로 아이패드를 제어할 수 있도록 하고 있는 것이 대표적인데 아이패드는 사용자가 화면 어디를 보고 있는지 추적하여, 사용자의 시선에 따라 포인터가 움직이거나 탭이나 클릭 같은 동작을 수행하도록 하고 있다. 이외에도 애플은 시선추적 관련 기술과 관련된 수많은 특허를 보유하고 있는데 시선추적과 홍채인식 기술을 갖춘 AR헤드셋도 출시할 예정이다.

또한 미국의 미디어 회사 컴캐스트(Comcast)는 2019년 눈으로 TV를 콘트롤 하는 'Xfinity' 서비스를 개시한 바 있으며 독일의 아이스퀘어(Eye Square)[451]를 비롯한 수많은 회사들이 모바일 폰만 갖고도 시선추적을 할 수 있는 장치를 개발했고, 이외에도 많은 회사들이 스마트폰이나 웹캠을 사용해 소프트웨어만으로 얼굴을 인식하고 시선을 추적하는 다양한 앱들을 출시하고 있다.

이처럼 가전, IT, 미디어 회사 등에서 모바일 폰이나 컴퓨터 상에서 시선추적을 가능케 하는 기술을 선보임으로써 이제 현대 사회는 이러한 기기뿐만 아니라 카메라가 달린 모든 기기와 환경에서 우리의 생각과 마음을 누군가에게 읽힐 수밖에 없는 처지가 되어 버렸다. 스마트폰, 태블릿, 노트북, 내비게이션 시스템, e-리더, POS등 다양한 디지털 기기에 현대인은 하루에도 수십번씩 노출되는데 통계에 따르면 우리 한국인은 하루 평균 다섯 시

---

[451] https://www.eye-square.com/

간 정도를 디지털 기기의 스크린을 보며 살아간다고 한다.

이런 상황에서 디지털기기에 장착된 첨단 카메라와 시선추적 알고리즘은 우리의 행동뿐만 아니라 눈을 통해 내면의 사고와 마음까지도 누군가에게 정밀하게 포착될 가능성을 열어주게 되었다. 스마트폰이나 스마트TV는 말 그대로 스마트하기 때문에 이러한 명칭이 붙었는데 이는 역으로 우리가 항상 누군가 혹은 어디엔가와 항상 스마트하게 연결되어 있기 때문에 사용자에 대한 데이터를 수집당하고 있다는 것을 의미한다. 우리가 셀카를 찍을 때, 혹은 누군가 사진을 찍어줄 때, 그리고 웹툰을 보거나 물건을 주문할 때, 혹은 운전할 때 디지털 기기가 우리의 얼굴을 인식할 뿐만 아니라 눈동자를 읽고 마음을 읽고 있다면 상상만 해도 끔찍한 세상이 아닐 수 없다.

중국의 인공지능 기업 '센스타임'[452]은 14억 중국인의 얼굴을 3초 이내에 인식할 수 있는 안면인식 기술을 보유하고 있다. 인공지능을 이용한 영상인식 기술은 중국이 세계 최고의 수준이라고 평가받고 있는데, 이같은 수준을 확보하게 된 것은 중국 전체에 깔린 1억 7천만대의 CCTV를 이용해 사생활 침해라는 비판을 무시하고 활용할 수 있도록 한 정부정책 덕분이라고 할 수 있다. 즉 중국의 인구가 세계에서 가장 많아 얼굴인식에 대한 빅데이터 확보가 가능했기 때문이다. 심지어 중국에서는 2019년부터 신규로 휴대전화를 개통할 때 안면인식을 의무화하는 제도가 정식으로 시행되고 있고 공항

---

[452] Sense Time, 중국명 商湯科技, 2014년 MIT 출신 탕샤오어우(湯曉鷗)가 설립한 회사로 안면 인식, 영상 분석, 자율주행 등 다양한 분야의 AI 관련 기술을 보유하고 있으며, 안면인식 분야에서 세계최고의 기술력을 보유한 것으로 평가받고 있다.

출입국 보안시스템에 적용되어 3초 만에 CCTV만으로 신상과 범죄기록을 확인할 수 있다.

코로나의 확산은 중국의 AI 안면인식 기술의 발전을 더욱 촉진했는데 코로나 확산을 막기 위해 확진자 경로 예측 시스템에 AI 안면인식 기술을 활용했기 때문이다. CCTV 영상을 통해 코로나 의심자를 인식하고 격리시키는 과정에서 마스크를 착용해도 개인을 식별할 수 있는 첨단 AI 기술이 동원된 바 있다. 이처럼 중국은 2030년까지 AI 기술을 세계 1위 강국으로 성장시키겠다는 계획을 발표한 바 있으며 실제로 2020년 인공지능 분야의 특허 출원 건수에서 미국을 제치고 세계 1위를 차지한 바 있다.[453]

이러한 인공지능 인식 기술의 발달을 가져온 배경에는 사람 눈을 대치할 정도로 정교하게 사물을 촬영할 수 있는 카메라 렌즈와 센싱 기술의 진보와 이를 사람보다 더 빨리 정확하게 분석해내는 인공지능 기술의 발달이 있다. 이제 초고해상도, 소형경량화를 거쳐 인간의 눈보다 더 해상력이 좋은 카메라의 등장이 인공지능과 만나 지구 전체가 곧 보이지 않는 감시카메라로 둘러싸이게 될지도 모른다.

'눈은 알고 있다' '눈은 마음의 창'이라는 이 책의 수많은 연구 성과를 돌이켜보건대 앞으로 우리는 눈을 통해 마음을 들키지 않기 위해 모두 선글라스를 쓰고 다녀야 할지도 모르겠다.

---

[453] 정재용, 중국 AI 특허출원 건수 미국 제치고 세계 1위, 연합뉴스 2020.11.27.일자 보도.

Introduction to Author
저자 소개

권만우

경성대학교 미디어콘텐츠학과 교수이며 부총장을 맡고 있다. 언론사 기자를 거쳐 20여년 동안 사회과학(신문방송학과), 공학(디지털디자인), 예술(디지털영상) 계열의 교수를 역임하여 융합형 지식을 생산하는데 매진하고 있다.

7조원에 달하는 국내 최고의 R&D 지원기관인 한국연구재단의 문화융복합단장, 초학제간 융합 전문위원등을 지내며 70여편에 이르는 시선추적 실험 및 뇌파 실험연구 성과를 학술지에 발표했다. 미디어신경과학, 디지털엔터테인먼트, 서비스디자인등 다양한 융합 분야에 관한 20여권의 저서와 역서를 출간했다. 부산이 만든 세계적 영화제인 부산국제영화제 전문위원과 유네스코 주관의 세계인문학포럼 추진위원등 국제행사의 기획과 실행을 맡고 있으며, 국제콘텐츠 견본마켓인 부산콘텐츠마켓 집행위원장직을 수행하면서 방송드라마와 웹툰, 게임등 다양한 K콘텐츠가 세계화 되는데 기여하고 있다.

눈은 알고 있다

초판인쇄   2023. 05.15
초판발생   2023. 05.15

지은이   권만우
발행처   서울인스티튜트
발행인   임하진
전화   051-663-5102
팩스   051-663-5209
웹사이트   seoul.edu
이메일   book@seoul.edu
등록번호   제2020-000024호
편집디자인   김민지
표지디자인   황미경
인쇄   북토리
가격   20,000원

ISBN   979-11-970725-3-6